国家安全战略研究丛书 | 丛书主编◎王吉胜 | 主　编◎赵小康

本书获得“江苏高校品牌专业建设工程资助项目（项目编号：PPZY2015A058）”资助

美国国家安全局报告

剧变世界中的自由与安全

［美］白宫情报与通信技术审查小组
（The President's Review Group on Intelligence and Communications Technologies）／著
毕思露　杨宁巍／译　陈珊珊／校译

金城出版社
GOLD WALL PRESS

图书在版编目(CIP)数据

美国国家安全局报告：剧变世界中的自由与安全 / 白宫情报与通信技术审查小组著；毕思露，杨宁巍译 . — 北京：金城出版社，2016.10（2020.12 重印）

（国家安全战略研究丛书）

书名原文：The NSA Report: Liberty and Security in a Changing World

ISBN 978-7-5155-1389-8

Ⅰ. ①美… Ⅱ. ①白… ②毕… ③杨… Ⅲ. ①情报工作－关系－国家安全－研究报告－美国 Ⅳ. ① D771.236

中国版本图书馆 CIP 数据核字(2016）第 229692 号

美国国家安全局报告 ：剧变世界中的自由与安全

作　　者 [美] 白宫情报与通信技术审查小组
译　　者 毕思露　杨宁巍
责任编辑 陈珊珊
文字编辑 毕思露
开　　本 700 毫米 ×960 毫米　1/16
印　　张 11.5
字　　数 180 千字
版　　次 2017 年 5 月第 1 版
印　　次 2020 年 12 月第 2 次印刷
印　　刷 天津旭丰源印刷有限公司
书　　号 ISBN 978-7-5155-1389-8
定　　价 38.00 元

出版发行 **金城出版社** 北京市朝阳区利泽东二路 3 号　邮编：100102
发 行 部 （010）84254364
编 辑 部 （010）64222699
总 编 室 （010）64228516
网　　址 http://www.jccb.com.cn
电子邮箱 jinchengchuban@163.com
法律顾问 陈鹰律师事务所 （010）64970501

送文函

尊敬的总统先生：

很荣幸向您呈送白宫情报与通信技术审查小组所作的报告。根据2013年8月27日总统备忘录，以下建议致力于维护国家安全及促进外交政策，并遵守长期以来所作的保护个人隐私和公民自由的承诺，以期保持公众(包括海外朋友、盟友）信任，同时降低未授权披露带来的风险。

我们强调有必要确立明确的原则，以为未来奠定坚实的基础。过去和现在我们都进行了相关探索，并得出以下建议，但本报告不应视为对此所作的全面概括或详细评估。此外，本报告一般不涉及预算问题(当然某些建议可能侧面提及此问题)。

我们认为，在相对较短的时间内所形成的46项建议，需要接受相关官员的谨慎评估，并充分考虑其可能带来的影响。我们的目标是确立明确的原则、寻求广泛的认可，以便引领未来数月、数年甚至几十年的发展方向。

我们诚挚希望，该报告对您、对国会、对美国人民、对领导者以及正在研究这些重要问题的不同国家的人都能有所帮助。

理查德·A·克拉克(Richard A. Clarke)

迈克尔·J·莫瑞尔(Michael J. Morell)

杰弗里·R·斯通(Geoffrey R. Stone)

凯斯·R·桑斯坦(Cass R. Sunstein)

彼得·史怀亚(Peter Swire)

致　　谢

审查小组特向所有支持该报告准备工作的人表示感谢。许多人被正式安排来协助小组工作，且都表现出高度专业、勤勉和积极的工作态度。其中包括布雷特·弗里德曼(Brett Freedman)、肯尼思·古尔德(Kenneth Gould)以及政府各个部门的人员。此外，还要感谢政府内外所有为支持我们的工作付出时间和精力的人士。

致　谢

[illegible]

目　　录
Contents

序　言

2013年8月27日，总统宣布成立白宫情报与通信技术审查小组(Review Group on Intelligence and Communications Technologies)。在当前的背景下，我们的工作主要是对国家安全局(National Security Agency, NSA）所搜集的外国涉密情报进行披露。披露显示，信息拦截发生在美国境内外，并且美国公民、永久合法居民甚至境外非美国公民的通信内容都有涉猎。以上披露与美国境内外许多人的反应和关切均为该报告提供了大量资料，但我们致力于为未来打下坚实的基础(即标题所指)，在剧变的世界中维护自由与安全。

所谓剧变，包括信息和通信技术的空前进步，贸易、投资和信息流通全球化的不断增强，以及不确定的国家安全威胁(美国公众希望政府为之提供保护)。在此情形下，我们一直密切关注情报搜集环境所发生的重大变化。

举例来说，如今传统意义上"国外"（foreign）与"国内"（domestic）之间的界限已不似过去那样明确，全球范围内不论朋友还是敌人都在使用同样的通信设备、软件以及网络。这些变化，以及未来我们需要面对的不同的威胁，都将对隐私权、与其他国家的战略合作关系，以及创新、信息共享等支撑全球经济发展的关键要素，产生深远的影响。

要解决这些问题，美国必须在国内外寻求多个目标。面对这些挑战，美国需要全方位考虑自身所追求的利益和价值，并且向美国公众和其他主要的国际受众传达这些目标。其中包括：

抵御各种威胁以保护国家安全。美国抵御竞争对手、恐怖分子和武器扩散威胁的能力，主要取决于其是否有广泛的来源和多种途径来获取外国情报信息。当今时代，通信技术进步越来越占主导地位，美国必须继续在全球范围内搜集信号情报，以确保国内外公民的安全，并保护朋友、盟友以及与其有合作关系的国家的安全。

促进其他与国家安全和外交政策相关的利益。情报工作的初衷不只是抵御威胁，也是最大程度地维护国家安全和外交政策利益，包括反情报，打击有组织的国际犯罪，防止贩毒、贩卖人口以及大规模暴行等。

保护隐私权。对于追求自由和自治的社会来讲，隐私权保护是必不可少的。现代技术的兴起使得民主国家尊重人民的基本权利——隐私权变得尤为重要，同时隐私权也是个体安全与人身自由的重要决定因素。

保障民主、公民自由与法治。在美国，自由辩论对于维持民主的长期活力是非常重要的，并且有助于加强全球范围内的民主。过度监管和不正当的保密都可能危及公民自由、公众信任以及民主自治的核心流程。政府的所有部门，包括国家安全部门，都必须坚持法治。

促进网络世界的繁荣、安全与开放。美国必须采取并坚持一定的政策，以支持国内外的技术创新与协作。这些政策对于促进经济增长至关重要，而经济自由和鼓励创业反过来又会促进经济增长。基于此，美国必须继续建立和加强有关互联网自由和安全的国际规范。

保护战略联盟。情报搜集理应保护并加强我们与他国的战略关系。我们必须尊重这些关系以及其他国家的领导者和公民，尤其是那些与我们持有共同利益、价值观或两者兼有的国家。情报搜集理应承认与他国合作的重要性，并且尊重其他国家人民的合法隐私权益和人性尊严。

管理以上这些相互矛盾的目标所面临的挑战无疑是巨大的。但如果这样就能兑现对其公民和后代的承诺，那么国家必须尽力完成。

高参摘要

概述

美国及其盟友面临许多重大的国家安全威胁，并且在未来一段时期这种状况仍会持续。这些威胁主要包括国际恐怖主义、大规模杀伤性武器扩散、网络间谍活动和网络战等。要保护自身免遭这些威胁，就必须拥有强大的国外情报搜集能力。我们的对手往往借助复杂的通信技术进行相关操作，因此仰仗杰出的能力与出色的人才来保护国家以及盟友的安全，就成为国家安全局义不容辞的责任。

同时，美国正全力保护隐私和公民自由等基本权利，它们可能，甚至有时已经被过度的情报搜集所破坏。深思熟虑之下，我们建议改进情报搜集活动，在使这些基本权利得到保护的前提下进一步维护国家安全。

原则

我们建议仔细考虑以下原则：

1. 美国政府必须同时保护两种不同形式的安全：国家安全和个人隐私

在美国的传统概念中，“安全”一词有多种含义。而按当代的说法，它通常是指国家安全(national security）或国土安全(homeland security)，对这种安全进行保护便是人们普遍认为的政府最基本的职责之一。与此同时，在美国宪法第四修正案中，安全具有另一种同等重要的含义，即："人民的人身、住宅、文件和财产不受无理搜查和扣押的权利，不得侵犯。"。上述两种形式的安全都必须得到保护。

2．核心任务之一是风险管理：当涉及多个风险时，它们必须都被纳入考虑范围

当政府官员获取外国情报信息时，他们会尽力降低风险，尤其是国家安全风险。当然，他们往往也面临多重风险的挑战。在此情形下，政府必须考虑所有的，而非单一风险，以采取合理的保障措施。除降低国家安全风险之外，政府官员还必须考虑其他四种风险：隐私风险；互联网及其他地方的公民自由风险；国际关系风险；贸易和商业风险，包括国际商务活动等。

3．"平衡"的理念具有真理性，但也有不恰当和误导性的一面

人们很容易认为根本目标是要在两种形式的安全之间取得恰当的"平衡"。这一建议具有一定的真理性，但是还有一些保障措施是完全不受平衡制约的。在追求自由的社会，政府官员不应有以下行为：参与监视活动以惩治政敌；限制言论或宗教自由；压制正当的批评或异议；帮助自身偏爱的公司或行业；为国内企业提供不公平的竞争优势；以宗教、民族、种族或者性别来区分不同的群体，并为其牟利或进行打压。

4．政府应以对各种后果的仔细分析为基础进行决策，包括收益和成本(在可行范围内)

在公共政策的许多领域，政府官员越来越坚持对决策后果进行仔细分析，并强调要依靠证据和数据，而非直觉和传闻。在付诸实践之前，监控决策应该取决于对预期结果全部相关风险的仔细评估(在可行范围内)。这些决策也应受到持续的监督(如回顾性分析)，以确保万无一失。

对美国公民的监控

针对美国公民的监控，我们提出一系列重大的改革。根据《外国情报监视法案》（Foreign Intelligence Surveillance Act，FISA）第二百一十五条，政府现在存储的大规模电话元数据，可理解为包括拨打和接收的电话号码、通话时间、通话日期(元数据不包含通话内容）在内的相关信息。我们建议国会停止存储这些数据，并将其转移至一个私密的系统中，以备在涉及国家安全问题时政府进行查询。

在我们看来，当前政府存储大规模元数据的做法在公众信任、个人隐私、公民自由等方面都存在潜在风险。我们认识到，政府有权使用这些元数据，但它们更应由私人或第三方提供。这种方式将使政府合理地使用相关信息，从而在保护国家安全的同时避免对个人隐私和公民自由造成不必要的威胁。与此建议一致，未来我们将坚持一项普遍原则：一般说来，如果没有通过高级政策的审查，政府不得以将未来的查询和数据挖掘用于外国情报为目的，搜集和存储大量未经整理和未公开的美国公民个人信息。

我们还建议进行具体的改革，以为美国公民提供更大的保障，使他们的个人领域不受侵犯。我们同时支持采取新的措施来保护美国公民与非美国公民之间的交流。对于外国情报监视法庭(Foreign Intelligence Surveillance Court，FISC）强迫第三方(如电话服务提供商）向政府披露私人信息的行为，我们建议对其进行必要的限制。我们支持类似限制发出国家安全信函(National Security Letters，NSL)（美国联邦调查局借此强迫个人和组织提交私人记录）的措施，建议除非在紧急情况下，发出国家安全信函都应提前进行司法审查。

我们建议采取具体措施，提升透明度并推动问责制，从而赢取公众信任，这一点至关重要。同时应制定相关法律使国会和美国人民最大程度地知悉监控项目的信息(除非保护涉密信息之必要)。此外，我们建议政府制定相关法律，授权电话、互联网和其他供应商公开相关行政命令的内容。正是这些行政命令使他们向政府提供私人信息，而这些信息则可能会揭露信息提供者收到的行政命令的数量，其产生的信息的广泛种类，以及信息使用者的数量。出于同样的道理，我们建议政府定期公开披露非密项目中所发布的行政命令的相关信息。

对非美国公民的监控

我们应当采取一系列重大举措来保护非美国公民的隐私。尤为值得注意的是，任何对这些人进行监控的项目，即使在美国境外，也应受到以下六项单独限制条件的制约：

（1）必须得到正式颁布的法律或行政命令的授权；

（2）必须专门致力于保护美国及其盟友的国家安全利益；

（3）不得怀有非法或不正当目的，如窃取商业机密或为国内企业牟取商业利益等；

（4）不得仅凭政治观点或宗教信仰对任意非美国公民进行监控；

（5）不得泄露非美国公民的个人信息，除非涉及美国及其盟友的国家安全；

（6）必须接受严格监督，保持高度透明，并与保护美国及其盟友国家安全的目的相一致。

由于缺乏具体且令人信服的方案，我们建议美国政府遵循国土安全部(Department of Homeland Security）的模式，对美国公民及非美国公民一视同仁地适用 1974 年《隐私权法案》。

设置优先级，避免不合理或不必要的监控

为了减少对外国包括对外国领导人的相关信息进行不合理、不必要或过度监控所引发的风险，我们建议总统制定新的流程，所有敏感的情报需求和情报部门使用的方法都必须满足其最高要求以得到批准。该流程应当明确对外国领导人和外国进行监控的使用以及相关界限。

我们建议参与该流程的人员考虑以下两点：(1) 监控的动因是特别重大的国家安全利益还是相较而言不那么重要的事件；(2) 监控是否涉及那些与我们持有相同的基本价值观和共同利益的国家领导人或其他国家领导人。关于第(2) 点，我们建议对于少数关系密切、符合特定条件的盟友，美国政府应该就与彼此公民相关的情报搜集的原则和实践寻求理解与共识（包括信息搜集的意图、尺度、限制等是否合时宜以及恰当)。

机构改革

我们建议进行一系列组织机构变革。对于美国国家安全局，我们认为局长一职应由参议院批准，凡有资格的平民即可担任，总统应当慎重考虑提名平民担任下一任局长。国家安全局应被明确指定为有关外国情报的组织。其他任务(包括国家安全局信息保护署的任务) 一般应分配给其他部门。军事部门负责人、美国网络司令部(US Cyber Command) 司令及国安局局长原则上不应由同一官员担任。

我们主张特许新建更强有力的、相对独立的公民自由与隐私保护委员会(Civil Liberties and Privacy Protection Board，CLPP Board) 来取代隐私与公民自由监督委员会(Privacy and Civil Liberties Oversight Board，PCLOB)。当政府有关外国情报和反恐活动涉及公民自由和隐私时，公民自由与隐私保护委员会应当具备广泛的权力对其进行审查。

同时，总统应指派一位特别助理专门负责隐私方面的事宜，为行政管理和预算办公室(Office of Management and Budget）以及国家安全参谋部(National Security Staff，NSS）服务。该特别助理还应担任首席隐私官委员会(Chief Privacy Officer Council）主席，以帮助协调制定整个行政部门的隐私政策。

我们建议国会创设公共利益倡导者(Public Interest Advocate）一职，以便在外国情报监视法庭代表公民自由和隐私权益。此外，我们建议政府采取措施，提升外国情报监视法庭决策的透明度，并且国会对任命外国情报监视法庭法官的流程作出改变。

全球通信技术

我们应采取实质性的措施以保护网络世界的繁荣、安全和开放。自由开放的互联网更有利于政府自治和经济发展。美国政府应重申 2011 年《网络空间国际战略》(International Strategy for Cyberspace)。应强调的是，互联网治理决不能仅限于政府，而应包括所有利益相关者，如企业、民间团体、技术专家等。

美国政府应采取多种举措促进安全：(1) 全力支持加密标准的制定；(2) 明确表示将不以任何方式对常用的商业加密术进行破坏、损害或削弱；(3) 支持、鼓励对传输中数据、静态数据、云端数据以及存储数据更多地利用加密技术。在与互联网相关的其他措施中，美国政府还应支持国际规范和协议，以增强人们对网上通信安全性的信心。

针对通信方面的大数据和数据挖掘项目，美国政府应开发隐私和公民自由影响评估系统，以确保这些项目在统计上可靠，具有良好效益，并且能够保护隐私和公民自由。

保护我们所收集的信息

我们建议采取一系列措施以降低“内部威胁”的风险。指导原则很简单：只有真正有知悉需要的人才能共享涉密信息。我们建议进行一些具体的改革来改善人事审核系统的效率：应减少或停止使用盈利性公司进行人事调查；进一步细化对涉密人员的安全调查；相关部门和机构应建立敏感涉密信息的专用访问接口；安全程度较高的雇员应接受人员持续监控项目的监督；对个人所进行的安全调查适用风险管理方法，具体根据其所接触项目和信息的敏感程度和数量来决定。

涉密信息技术网络的安全理应受到主要负责人的持续关注，并应在“第二意见”（Second Opinion）工作组的协助下进行年度评估。涉密网络应该广泛利用物理和逻辑隔离方式限制数据访问，包括使用信息权限管理软件等。涉密网络所用的网络安全软件的标准和操作至少应达到最安全的私营企业的水平。

决策建议

建议 1

我们建议对第 215 条款进行修订，规定只有以下情况才能授权外国情报监视法庭发布行政命令，以强制要求第三方公开特定人员的隐私信息：

（1）政府有充足理由确信信息搜集获得相应的调查授权，旨在“反对国际恐怖主义或从事秘密情报活动”；

（2）与传票类似，该行政命令具备合理的关注焦点、适用范围和普适性。

建议 2

我们建议对授权发布国家安全信函的法规进行修订，只有在以下司法认定的情况下国家安全信函才允许发布：

（1）政府有充足理由确信信息搜集获得相应的调查授权，旨在“反对国际恐怖主义或从事秘密情报活动”；

（2）与传票类似，该行政命令具备合理的关注焦点、适用范围和普适性。

建议 3

我们建议对授权使用国家安全信函的法规进行修订，要求其适用与目前依据第 215 条款所发布行政命令相同的监督、最小化、保留和传播标准。

建议 4

我们建议，一般情况下，在没有高级政策审查的情况下，政府不应被允许收集和存储所有数量庞大、未经整理、非公开的个人信息，用于日后的外国情报查询和数据挖掘。任何涉及政府收集或存储类似数据的项目都仅限于维护政府重大利益。

建议 5

我们建议立法以终止政府依据第 215 条款所进行的大规模电话元数据存储项目，并尽快合理地将其转至私人通讯服务商或第三方机构掌握的系统。只有满足建议 1 所设置的要求并由外国情报监视法庭发布依据第 215 条款的行政命令，以上数据的访问才被允许。

建议 6

我们建议政府授权进行法律和政策方面的研究，以评估元数据与其他类型信息的不同。研究小组应由技术专家和具有多元视角的人员组成，包括情报活动专家、执法机构人员以及隐私和公民自由方面的专家等。

建议 7

出于保护涉密信息的需要，我们建议立法，以规定最大程度向国会和美国人民定期披露以下详细信息，包括国家安全信函、第 215 条款有关的工作记录、第 702 条款、笔式记录器、诱捕和追踪设备以及第 215 条款的大规模电话元数据项目等。非密许可和项目运作应该保持高度透明，以使美国人民及其民选代表独立对项目特点进行评估。

建议 8

我们建议：

（1）应制定法律，以规定在使用国家安全信函、第 215 条款行政命令、笔式记录器以及诱捕和追踪命令、第 702 条款行政命令以及类似要求个人、企业或其他机构向政府提交信息的命令时，仅在以下情况下，即司法认定有合理理由相信该行政命令一经披露将极大威胁国家安全、干扰正在进行的调查、危及人的生命或人身安全、破坏外交关系或者危及其他同等重要的政府或外国情报利益等，才能发布保密令；

（2）未经司法程序重新审核的保密令，其有效期最长不得超过 180 天；

（3）保密令不应阻止接收者因质疑其合法性而寻求法律顾问。

建议 9

我们建议制定法律，以规定即使保密令确有必要，有关国家安全信函、第 215 条款行政命令、笔式记录器以及诱捕和追踪命令、第 702 条款行政命令、非密项目中所发布的类似行政命令的接收者也可以定期公开以下信息，包括所接收行政命令的数量、遵照执行行政命令的数量、信息的大致类别以及每一类别信息涉及用户的数量等，政府明确表示类似披露会危及国家安全的情况除外。

建议 10

依据现行法律，我们建议政府定期公开披露以下信息，包括国家安全信函、第 215 条款行政命令、笔式记录器以及诱捕和追踪命令、第 702 条款行政命令、非密项目中所发布的类似行政命令等，政府明确表示类似披露会危及国家安全的情况除外。

建议 11

我们建议，依据第 215 条款所进行的大规模电话元数据项目对美国人民保密，则须经政府高层慎重决策，并且充分考虑和尊重作为民主治理核心的透明性的问题。如此量级的项目，只有在以下两种情况下才能对美国人民保密：

（1）项目有助于维护极其重要的政府利益；

（2）如果敌方得知该项目，则项目效果将大打折扣。

建议 12

我们建议，如果政府依据第 702 条款合法拦截通信，或者在任何其他许可下拦截针对美国境外非美国公民的地面通信，又或者通信有美国公民参与或披露了美国公民的相关信息，则：

（1）涉及美国公民的任何信息都应于检查前清除，除非其具有外国情报价值或有助于防止对他人造成严重伤害；

（2）涉及美国公民的任何信息都不得在针对其进行的起诉中作为证据使用；

（3）政府在确认特定美国人的通信时，不得随意查阅依据第 702 条款或上述建议中的其他许可所获取的通信内容，除非：(a) 有关信息对抵御死亡或严重身体伤害的威胁确有必要；(b) 政府基于可能的原因确信该美国人正在计划或已在从事国际恐怖主义活动。

建议 13

我们建议，在依据第 702 条款或其他许可对在美国境外的非美国公民进行监控时，除现有防护措施和监督机制，美国政府还须重申以下要求：

（1）必须得到相应法律或行政命令的授权；

（2）必须专门针对保护美国及其盟友的国家安全；

（3）不得出于非法或不正当目的，如窃取商业机密或为国内企业牟取商业利益；

（4）不得传播与保护美国及其盟友的国家安全无关的、非美国公民的有关信息。

此外，美国政府还须明确此类监控满足以下要求：

（1）不得仅凭其政治观点或宗教信仰就将美国境外的非美国公民作为监控目标；

（2）必须经过仔细审查并保持高度透明，以符合美国及其盟友的国家安全。

建议 14

我们建议，基于缺乏具体且可信的先例，美国政府应当遵循国土安全部模式，并以相同方式将 1974 年《隐私法案》（Privacy Act of 1974）适用于美国公民和非美国公民。

建议 15

我们建议，国家安全局特设一项有限的法定应急权限，在反恐监视的已知目标首次进入美国境内后即对其展开追踪，直至外国情报监视法庭发布命令授权对其在美国境内的活动进行持续监控。

建议 16

我们建议，总统应当设立新的程序，获取所有敏感情报均需通过高级别批准，且情报界所用方法需符合相关要求。此外，该程序应明确区分针对外国领导人和在外国进行的监控的使用和限制情形。政策界和情报界专业人士组成的工作小组应在全年持续审查敏感情报的收集活动，并在必要时建议国家安全委员会(National Security Council）代表和负责人对其进行不定期审查。

建议 17

我们建议：

（1）高级决策者不但要审查国家情报优先框架(National Intelligence Priorities Framework，NIPF）内第一、二级的要求，而且要审查其他被界定为内容敏感的要求；

（2）高级决策者应当对所有层级要求中被认定敏感的收集方法和目标进行审查；

（3）涉密信息的泄露会对美国经济利益产生不利影响，由此联邦机构中负责维护经济利益的高级决策者应当参与审查全程。

建议 18

我们建议，国家情报总监(Director of National Intelligence）负责创建情报界情报收集和发布活动的监督机制，以确保其符合高级决策者的决定。为此，国家情报总监应当就这一问题同时向国家安全顾问(National Security Advisor）和国会情报委员会提交年度报告。

建议 19

我们建议，决定对外国领导人进行监控应当考虑以下标准：

（1）为评估对我国国家安全的威胁进行此类监控，是否确有必要？

（2）该国与我们是否具有一致的价值观和共同利益，是否存在合作关系？我们是否应当对其领导人给予高度尊重？

（3）我们是否有理由相信外国领导人可能在对待美国高级官员时阳奉阴违，或者试图隐藏与美国国家安全相关的信息？

（4）是否存在其他切实可靠的方法或目标以获取所需信息？

（5）如果该领导人或者相关国的公民均意识到美国的监控，那会造成什么负面影响？

建议 20

我们建议，美国政府应当就开发软件的可行性展开调查，以使美国国家安全局和其他情报机构更易获取目标信息，而非一味进行大规模数据收集。

建议 21

我们建议，美国政府应当与少数关系密切且符合特定标准的盟友一道就针对各国公民的情报收集活动的指导原则和具体实践进行探究，包括收集活动是否适当，收集活动的意图、约束和限制等。特定标准如下：

（1）具备共同的国家安全目标；

（2）高级决策者之间互动紧密、开放、坦诚且合作良好；

（3）情报机构共享情报信息和分析思路，并在实践中合作对抗损害共同国家安全利益的关键目标，类似关系的建立应当由相关情报部门进行论证并接受高级政策层面的监督。

建议 22

我们建议：

（1）国家安全局局长一职应由参议院确认；

（2）平民应当有资格担任该职；

（3）总统应当认真考虑由平民担任国家安全局下任局长。

建议 23

我们建议，国家安全局应当被明确指定为外国情报组织，除外国情报收集之外的任务一般应当重新指派。

建议 24

我们建议，军队负责人、美国网络司令部司令和国家安全局局长均不应由同一人担任。

建议 25

我们建议，国家安全局大型分支机构——信息保护署(Information Assurance Directorate，IAD）不得从事与外国情报相关的活动，并且应当列为国防部内设单独机构，主要向国防部部长办公室下设网络政策部报告工作。

建议 26

我们建议，在国家安全参谋部、行政管理和预算办公室设立一名隐私和公民自由政策官员。

建议 27

我们建议：

（1）对隐私与公民自由监督委员会章程进行修订，以成立一个全新的强化机构，即公民自由与隐私保护委员会，主要负责监督情报部门收集外国情报活动，而非仅以反恐为目的。

（2）公民自由与隐私保护委员会应当被授权接收情报部门雇员有关隐私和公民自由事宜的投诉。

（3）公民自由与隐私保护委员会内部应设立技术评估办公室，以对情报部门的技术措施进行评估并为隐私强化技术提供支持。

（4）一部分类似公司所实行的外部审计的合规职能，应当由国家安全局或其他情报机构转至公民自由与隐私保护委员会。

建议 28

我们建议：

（1）国会应当创设公共利益倡导者一职，以在外国情报监视法庭代表隐私和公民自由利益；

(2) 外国情报监视法庭应当向法官提供切实可用的技术专门知识；

(3) 外国情报监视法庭有关决议的透明度应当增强，包括着手实行符合现行标准的解密审查；

(4) 国会应当对外国情报监视法庭法官任命的流程进行改进，任命权掌握在最高法院法官手中。

建议 29

我们建议，在加密方面，美国政府应当：

(1) 全力支持并不遗余力地建立加密标准；

(2) 不以任何方式颠覆、破坏、削弱或攻击普遍使用的商业软件；

(3) 加大加密的使用力度并促使美国公司参照执行，从而更好地保护传输中数据、静态数据、云端数据以及其他存储数据。

建议 30

我们建议，国家安全委员会工作人员应当采用跨部门程序定期审查美国政府利用电脑应用程序和系统潜在漏洞而发起的攻击活动。它们通常被称作“零时攻击”（Zero Day Attack），因为开发者都来不及解决和修补漏洞。美国有关政策应作出相应改变以确保迅速阻止零时攻击，从而使美国政府和其他网络的潜在漏洞得以修补。个别情况下，在对所有相关部门进行高级别跨部门审查后，美国政策规定可能会短暂授权在高优先级情报收集活动中使用零时攻击。

建议 31

我们建议，美国应当支持在国际准则或国际协定中设置有助于增强网络通信安全信心的特定措施。具体措施如下：

(1) 政府不应通过监控窃取工业秘密从而使其国内工业获益；

(2) 政府不应发动网络攻击改变金融账户的数额或企图控制金融系统；

(3) 政府应当提升有关执法数量、类型以及对通信供应商所提要求的透明度；

(4) 如果没有具体切实的理由，政府应避免以下本地化要求：(a) 服务器和其他信息技术设备的托管位置；(b) 阻止跨境数据流。

建议 32

我们建议，增设助理国务卿一职，具体负责国际信息技术事务的相关外交问题。

建议 33

我们建议，作为国际信息技术事务外交议程的一部分，美国应当提倡并合理说明所有利益相关者而非只是政府的互联网治理模式。

建议 34

我们建议，美国政府应当简化获得电子通信信息的合法国际要求的程序，其一般通过《司法互助协定》(Mutual Legal Assistance Treaty, MLAT) 发起。

建议 35

我们建议，针对通信大数据和数据挖掘项目，美国政府应当实施隐私与公民自由影响评估(Privacy and Civil Liberties Impact Assessments)，以确保其在统计上可靠、有成本效益且能保护隐私与公民自由。

建议 36

我们建议，为进一步促进通信技术发展，美国应当安排专业技术人员对各个项目进行审查，并由公民自由与隐私保护委员会或其他机构评估和回应新出现的隐私和公民自由问题。

建议 37

我们建议，美国政府应当逐步转变制度，与人员安全调查相关的背景调查仅可由美国政府雇员或者非营利私营企业进行。

建议 38

我们建议，对接触涉密信息人员应当进行持续而非周期性的审查。应当采用人员持续监控(Personnel Continuous Monitoring）标准，整合从内部威胁项目(Insider Threat Program）和商业渠道获取的数据，并且注意信用评级、逮捕或法院审理等情况的变化。

建议 39

我们建议，安全审查应当作高度区分，包括创建“访问管理”审查，以准许支持人员和信息技术人员访问所需信息，而不致接触大量政策或情报材料。

建议 40

我们建议，美国政府应当建立一个示范项目，对接受安全审查人员进行访问评分(Access Score)，得分依据即其所访问信息的敏感程度，以及其所接触特殊访问项目的数量、所接受隔离材料审查的敏感程度。此外，该访问评分应当定期更新。

建议 41

我们建议，应当用“工作相关访问”模式替代“共享必要”或“知悉必要”模式，以确保所有人员均根据自身工作需要访问特定信息，而避免仅仅对此感兴趣的人员轻易获取相关数据。

建议 42

我们建议，包含秘密级和更高级别涉密信息的政府网络，应当使用最好最有效的网络安全硬件、软件和保护程序以保护其免受内部和外部威胁。国家安全顾问以及行政管理和预算办公室主任应当就此标准的实施情况每年向总统进行报告。所有包含涉密数据的网络，包括承包商公司的网络，都应当接受类似 EINSTEIN 3 和 TUTELAGE 的网络持续监控项目(Network Continuous Monitoring Program）的监控，以便记录网络实时流量，随之检查是否存在异常活动、恶意行为和数据破坏等情况。

建议 43

我们建议，总统应当优先提升涉密网络的安全性，尽快全面施行第 13587 号行政命令。

建议 44

我们建议，国家安全委员会主管委员会(Principals Committee）应当每年审查美国政府涉密网络的安全状态，提升安全性的项目情况以及正在面临的网络威胁。跨部门“红色团队”（Red Team）应当每年就涉密网络的安全状态向主管委员会报告独立的“第二意见”。

建议 45

我们建议，所有包含涉密信息的美国机构和部门，应当扩展使用软件、硬件和程序来对文件和数据访问加以限制，只有获得专门授权才得以访问。美国政府应当资助发展、获取和广泛使用涉密网络信息权限管理软件来控制涉密数据的传播，也即大力限制涉密网络的访问和使用，并对其进行审计跟踪。

建议 46

我们建议，应当使用成本效益分析和风险管理方法，两者均具有前瞻性和追溯力，有助于确定人员安全和网络安全方面所应采取的措施。

第一章　决策原则

1. 美国政府必须同时保护两种不同形式的安全：即国家安全和个人隐私

在美国的传统概念中，“安全”一词有多种含义。而按现在的说法，安全通常是指国家安全或者国土安全。这也就意味着，抵御国家和公民所面临的威胁的极端重要性。从广义来讲，政府最基本的职能之一就是保护此种形式的安全。如果组织得当且训练有素，则监控有助于消除重要的国家安全风险。过去，这曾挽救了许多生命，未来也必将如此。

经历2001年9月11日的恐怖袭击之后，这一点更无须赘言。就其本质而言，恐怖主义袭击的参与者往往行为隐蔽、活动分散，以使其秘密行动不易被识别或破坏。实施监控能够并且已经在保护国家免遭这样的危害。但是，保护国家安全还包括一系列附加目标，主要是反情报(counter-intelligence）和反扩散(counter-proliferation)，此外还包括支持采取军事行动等。在严重的军事冲突中，监控是保护为国而战的人的一种不可或缺的方式，也是(有必要加以强调）保护我们的朋友及盟友的重要方式。

与此同时，在美国宪法第四修正案中，安全具有完全不同但同等重要的意义：“人民的人身、住宅、文件和财产不受无理搜查和扣押的权利，不得侵犯……”（强调）这种形式的安全是隐私权的重要组成部分，最高法院大法官路易斯 · 布兰戴斯(Louis Brandeis）曾对此作如下描述

“独处权，是一种最广泛的权利，也是人类文明最为珍视的权利”[1]。布兰戴斯写道：“宪法制定者为我们创造了追求幸福的安全条件。他们认识到人的精神世界、情感和智力的重要性，并试图保护美国人的信仰、思想、情感和感觉。”[2]

这种保护对安全保护来讲可谓必不可少。在一个自由的、真正实现自治的社会，人们不需担心自身言行被监视、监控、质疑、审问或审查，在此意义上他们是安全的。相比之下，在不自由的社会中，人们不但没有独处权，而且不得不奋力挣脱政府的监视。由此，不自由必然会对个人自由、社会自治、经济增长以及公民的基本理念造成危害。

“安全”一词体现如此不同的含义，这看起来令人费解，又像是语言上的巧合。但从词源学来看就容易理解了，且绝非巧合。在拉丁语中，“securus”的核心含义包括“无忧无虑、安静、舒适”以及“宁静、远离危险、安全”。由于外部暴力而面临人身威胁的人们一定处于危险当中，并且是不安全的。由此，人们会基于政府原因而对自身的人身、住宅、文件和财物等产生不安全感，他们很难“无忧无虑”或者“宁静”。事实上，宪法第一句就明确地使用了“安全”一词，并将两种价值相提并论：

> 我们合众国人民，为建立更完善的联盟，树立正义，保障国内安宁，提供共同防务，促进公共福利，并使我们自己和后代得享自由的幸福，特为美利坚合众国制定本宪法。

一些人认为，两种形式的安全之间存在不可调和的矛盾。他们声称，在现代，随着国土安全威胁的日益严重和现代通信技术的兴起，国家必须在两者之间作出选择。但我们坚决反对这一观点。因为这既不符合事实，也与我们的传统和法律相违背。自由社会能够而且必须采取必要措施保护国家安全，从而使政府官员抵御和预测真正的威胁，同时确保人民“人身、住宅、文件和财物”的安全。

2. 风险管理的核心任务是：如果涉及多个风险，则它们必须全部纳入考虑范围

当政府官员获取信息时，他们会寻求降低风险，其中最重要的就是国家安全风险。如果政府得以获取大量信息，就有利于缓解严重的暴力威胁。而如果目标是减少这些威胁，即使政府最终获得大量不需要或不想要的信息，广泛的信息网络也远优于狭窄的信息网络。随着技术的发展，广泛的信息网络变得越来越可行，监控无处不在的可行性也将显著增强。从减少风险的角度来看，这一前景无疑具有明显优势。

当然，涉及多重风险正是挑战所在。政府必须考虑所有的，而非单一风险，以采取合理的防护措施。除了减少国家安全风险之外，政府官员还必须考虑其他四种风险。

隐私风险。随着获取信息的增多，隐私风险也在增大，这一点不言自明。其中一个原因是，官员可能会获取与暴力威胁或犯罪行为毫无关系的个人信息。历史表明，信息获取可能导致信息误用和滥用的风险，从而使合法的私人领域受到侵犯。此外，当政府实施监控时，公众信任会逐步削弱，而使其公民缺乏安全感。隐私是自由权利的核心，必须得到保护。

互联网及其他地方公民自由权风险。自由权包括一系列权利，如言论自由、宗教自由、结社自由等，这远远超出隐私的范围。如果人们担心自己与人交谈被监控，他们就会害怕对当前政策和领导人提出怀疑或表达反对意见，民主进程本身可能就会受到阻碍。

与其他许多国家一样，美国一直致力于保护和发展互联网，以使之成为开放的、言论自由的全球空间。对互联网自由的追求正代表了对互联网人权的保护。其中包括发表意见、提出异议以及提供或接收国外信息的权利等。公民应该享受这些权利，而不用担心自身言论会招致惩罚或者威胁。我们应该尤为关注对以上权利的保护，以及记者和媒体的安全，他们的权利和安全对社会自治来讲是不可或缺的。

国际关系风险。只要信息来自其他国家——不管来自领导者还是公民，其获取、传播或使用都可能严重危及我们与这些国家的关系。将监控对国际关系的潜在影响纳入考虑是很重要的，尤其是那些与我们关系密切的盟友和其他具有共同理念、共同利益的国家。不必要或过度监控所导致的风险往往大于收益。此外，与我们并不相邻的国家也理应得到尊重，否则将会导致真正的风险。

贸易和商业，包括国际贸易风险。自由贸易，包括自由通信，对商业发展和经济增长来讲都是至关重要的。监控和获取信息都可能对商业造成不利影响，特别是当它阻碍美国或其他国家公民使用特定的通信服务供应商时。如果政府与特定供应商进行密切或秘密合作，并且供应商无法保证用户的通信安全，那么人们很可能会另寻出路。原则上来说，这将对经济造成严重损害。

以上观点很清楚地表明，官员能够获取信息，但并不意味着他们应当这样做。事实上，就算官员可以合法获取信息(依据国内法律)，也并不意味着他们应当这样做。由于技术水平的日益提高以及所获取信息可能(可能性微小) 有用，人们很容易认为应该使用而非忽略这种技术能力。然而，我们应当抵制这种诱惑。官员必须考虑所有相关的风险，而非仅仅其中之一。

基于这一点，我们还应当考虑到维护公众信任的极端重要性。有些改革是为了合理改进风险管理体系；其他一些虽不完全基于这一理由，但也是为了从一般意义上确保，不管是在美国还是其他国家，其实践和决策都是值得信任的。

3. “平衡”的理念有些道理，但并不完善，且容易产生误导

人们很容易认为终极目标是要实现两种形式安全之间的恰当“平衡”。这一建议无疑有些道理。适当的权衡不可避免，但我们应当深入探

讨此一有关平衡的问题。在一些关键方面，这一建议并不完善，且容易产生误导。

实际上，一些防护措施根本不受平衡的制约。在一个自由的社会，政府官员不应当：基于惩罚政敌需要而进行监控；限制言论和宗教的自由；压制正当的批评和反对意见；帮助自身偏爱的公司或者产业；为国内企业提供不公平的竞争优势；以宗教、民族、种族和性别进行区分，从而施惠或者打击群体成员。这些禁令是最基本的限制，无论在国内还是国外都应当予以采用。

监控的目的必须合法。如果不合法，再多的“平衡”都不能证明其合理性。因此，为减少基于非法目的而进行监控的风险，创建明确的禁令并采取防护措施都是至关重要的。

4. 政府应当对结果，包括收益和成本(在某种程度上可行)，进行仔细分析，并最终作出决策

在政策的某些领域，政府官员越来越坚持对决策结果进行仔细分析，并强调依靠证据和数据而非直觉和传闻作出决策的必要性。证据和数据，即包括收益和成本(在某种程度上可行的)。在政府监管的背景下，里根总统作出承诺，将仔细分析于 1981 年发布的第 12291 号行政命令中的相关规程。2011 年，奥巴马总统发布第 13563 号行政命令，对定量、基于证据的分析进行重申和补充，并增加一些改善监管审查的要求，以指导机构“使用最有效的技术来尽可能精确量化现在和未来的预期收益及成本”，从而达到监管目的。

第 13563 号行政命令的一个核心组成部分就是“回顾性分析”，也即不但要确保对未来(预期) 成本和效益作前瞻性分析，而且要持续探究已在施行或未能施行的政策。在我们看来，前瞻性和回顾性分析在进行讨论时意义重大，但也都面临不同的挑战，主要是知识掌握的局限以及对某些变量进行量化时的困难。

在正式执行之前，监控决策应当取决于(在某种程度上可行）对预期结果的仔细评估，其中包括所有相关风险。此外，此决策应当接受持续监督，包括进行回顾性分析，以确保及时纠正相关失误。

如前所述，有一种可能性是，获取更多信息——无论其来自美国国内还是国外，都会最终被证明有用，但这抽象的可能性本身并不足以支撑去获取更多的信息。因为风险管理是不可避免的，而问题就在于收益和成本，这需要认真考虑可能的结果，以及它们实际发生的可能性。在可行范围内，以上这些又必须基于现有的证据。

当证据不可用时，政府官员必须承认自身认识的局限。在某些情况下，政府官员试图提前合理降低不受规范或量化标准制约的风险。此时，经验可能是最好的老师，由此表明项目运行不甚良好，并且收益和成本不同于预期。持续地学习和监督并且密切关注结果，对维护国家安全和个人隐私，以及管理所有相关风险来讲都是非常必要的。

最后，在对情报机构尤其监控机构进行监督和监控时，美国政府必须谨慎应对潜在的滥用风险以及所有滥用事实。为了维护和提高公众信任，尤其需要对此进行严格监督。

第二章　历史启示

一、持续的挑战

基于以上原因，要想达到国家安全与个人自由两者之间的有效平衡可谓巨大的挑战。正如历史表明的那样，当国家面临或处于危机之时，这变得尤其困难。人性使然，在极度恐惧的情况下，不可避免地存在反应过激的情况。此时，负责保护我们国家安全的人们，在焦虑公众的裹挟下，往往会超脱于必要合理的项目和政策转而采取实际上并不必要的防护措施，有时甚至危及个人自由。

以上情况在美国历史上很显见。我们总是在国家处于危机时反应过度，然后后知后觉地承认自身失败，从而重新评估自身判断并尝试对政策进行修订。我们必须从历史中汲取这一教训。

早在 1798 年，国会就颁布《惩治煽动叛乱法案》（Sedition Act），这被广泛认为违反了言论自由的最基本原则。历史上还有很多类似情况，在出现全国性恐慌时期，往往采取大量限制自由措施，比如，内战期间对人身保护权法令的反复暂停，一战期间对异议的压制，二战期间对日裔美国人的拘留，麦卡锡时代对涉嫌“不忠”的人们的揭发及骚扰，以及越南战争期间非法监视对政府政策的批评者等。[3]

的确，当国家面临风险或被卷入某些军事冲突时，主张采取新的限制措施看起来似乎，甚至是合理的。严重的威胁可能会推翻预先的平衡。此时，人们很容易忽略这样一个事实，那就是风险无处不在，并且往往会以安全为代价来危及自由。该份报告的核心目标之一就是在公众恐慌可能加剧这些危险时，为未来决策提供安全基础。

国家在监控方面的历史可谓漫长而复杂，现代社会的一些问题可以直接追溯到越南战争时期。林登·约翰逊(Lyndon Johnson) 和理查德·尼克松(Richard Nixon) 总统曾鼓励政府情报机构调查反战运动中所谓的“颠覆分子”。联邦调查局(Federal Bureau of Investigation，FBI) 对反战的个人和组织进行广泛渗透并实施电子监控。美国中央情报局(Central Intelligence Agency，CIA) 对一系列反战组织和反战活动进行监控，积累了 30 多万人的信息。军队情报机构自发在国内组织秘密监视行动，收集了 10 万反对越南战争者的信息，其中包括国会议员、民权领袖、新闻记者等。政府不仅是在大规模调查批评者，也是在通过揭露、破坏和压制他们的行动来影响公众舆论。[4]

随着以上一些信息被曝光，国会授权多个调查委员会进行更为深入的调查。参议院的一个委员会得出以下调查结果：

> 政府经常基于公民个人的政治信条对其进行秘密监控，即使这些信条不会构成任何有威胁的暴力和违法行为……政府主要通过秘密线人来操作……其中囊括大量美国公民有关个人生活、观点和活动的信息。被认为存在潜在危险的群体甚至只是被怀疑与存在潜在危险组织有所联系的群体，都必须接受调查，且已持续几十年，而事实上这些群体并未参与任何非法活动。[5]

1976 年，杰拉尔德·福特(Gerald Ford) 总统正式禁止中央情报局使用电子或物理监控手段收集美国公民在国内活动的有关信息，此外禁止国家安全局拦截任何与美国之间的通信，除非该监控通过司法部部长批准认定合法。[6] 同年，司法部部长爱德华·列维(Edward Levi) 对联邦调查局的调查活动施加新的限制。在这些指导原则下，列维禁止联邦调查局根据第一修正案在缺乏“具体而明确事实”的情况下对任何组织和个人展开调查，否则此类调查将被确认违法。列维在采纳这些指导原则时并未考虑此类调查是否违反宪法。他认为这些是合理的公共政策，并坚称保护公民自由不仅符合宪法，也是对政府权力使用的限制，我们可以将其看作一种风险管理。[7]

如今，美国在保护“自由的福祉”（Blessings of Liberty）方面取得了很大进展，即使在危机时期也不例外。历史上对公民自由的限制举措，在今天看来是不可想象的。这是国家的重要成就，并且我们不应认为这是理所当然的。回顾过去的危机并从前辈处汲取经验教训，比危机发生时再作出明智判断要容易得多。随着时间的流逝，新危险、新技术以及对自由的新威胁不断出现。事实上，明确认识过去的正确和失误之处是一种有用且不可或缺的指导，但这并未告诉我们如何让其在未来发挥正确的作用。该份报告的核心目标之一就是为降低反应过度带来的风险而提出改革建议。

二、2001 年 9 月 11 日之前的法律框架

在 20 世纪 70 年代所作的相关披露中，几个国会委员会对导致权力滥用的失误进行了审查。其中最具影响力的是参议院负责调查政府情报行动特别委员会(Senate’s Select Committee to Study Governmental Operations with Respect to Intelligence Activities）于 1976 年 4 月发布的最终报告。在参议员弗兰克·丘奇(Frank Church）就任主席后，该委员会被称为丘奇委员会(Church Committee)，而该报告也在过去 40 年间对国家有关外国情报监控的考量产生重要影响。[8]

首先，委员会明确表示，间谍活动、破坏活动和恐怖主义行动会“严重危害”国家安全与“美国人的权利”，而“密切关注情报调查有助于防止

以上行为”，“适当控制和合法进行情报工作对维护国家利益来讲至关重要”。同时，委员会强调了可能存在的危险，“情报收集……可能会影响民主原则的社会基础”。与前司法部部长和最高法院首席大法官哈伦·菲斯克·斯通(Harlan Fiske Stone) 观点一致，委员会警告道，秘密组织的情报机构可能“成为对自由政府的一种威胁……因为其滥用权力的可能性并不总是被迅速认可和理解”。“关键问题是，”该委员会解释说，“在政府保护安全的过程中，如何同时维护人们的基本自由。”[9]

回顾过去几十年，该委员会指出，“情报活动经常会侵犯个人隐私权、合法集会权以及发表政治言论的权利”[10]。委员会发现，这种危险是政府情报项目的本质，因为“政府很自然地倾向于滥用权力”，同时“当被赋予权力，即使意识到其危险的人，往往也会忽略自由，尤其是处于重压之下时”[11]。此外，由于保密需要权力滥用大幅出现，使得情报活动“自然倾向于超出其原始设定的范围”，并且促使“对新数据的需求不断增长”[12]。更糟糕的是，“一旦情报收集完成，就会存在强大的压力驱使人们加以使用”[13]。

在对过去“压倒性的过度行为”进行审查时，丘奇委员会发现，过度行为不但通过侵犯美国人的隐私而妨碍他们的权利并且“削弱了民主化进程”，而且它们的“有用性”在“服务于保护社会的合法目标”上更是“值得商榷”的。[14] 委员会认为，那些滥用“很大程度上是由于宪法创制用于限制政府权力滥用的相互制衡机制很少应用到情报部门”[15]。

相互制衡机制的缺乏一方面是政府官员未能进行适当的监督，另一方面则是情报机构有组织地“向其上级行政部门和国会隐藏了自身的不当活动”[16]。虽然认识到“过去的过度行为不能证明……剥夺美国预见和阻止恐怖暴力的能力就是合理的”，但委员会明确表示，“有必要制定明确的法律标准并进行有效监督，以确保情报活动本身并不会破坏其本应保护的民主制度”。[17]

放眼未来，丘奇委员会尤其关注新兴技术带来的影响。委员会明确援引最高法院1928年审理的奥姆斯特德诉美国案[18]中，路易斯·布兰戴斯法官所代表的少数派发表的著名的反对意见。在布兰戴斯和奥利弗·温德尔·福尔摩斯(Oliver Wendell Holmes) 看来，监听电话不符合《第四修正案》中所提的“调查”。此外，布兰戴斯法官警告说，宪法颁布实施后，“政府得以采取更微妙、影响更深远的手段侵犯隐私权……而且科学的进步提供了更多间谍活动方式。看起来并不能阻止电话监听”[19]。委员会注意到，布兰戴斯的警告引用了“对科技发展的明显促进使得国家安全局每年监听大量通话信息”[20]这一观点。

“个人隐私，”该委员会补充说，是“自由的本质和对幸福的追求”，是确保“所有公民生活在自由公正社会”的关键。[21]事实上，“当政府侵犯隐私权，其造成的伤害远远不止于少数公民对其他大量美国人所造成的威胁”。委员会补充说，前司法部部长和最高法院首席大法官罗伯特·H·杰克逊(Robert H. Jackson) 曾说，由于缺乏明确的法律限制，联邦调查机构就会“对人民过于严厉”，以至于“即使不选择起诉……政府仍然无法对其政策提出反驳”。[22]事实上，杰克逊补充道，“即使应当对情报机构进行监督的官员很可能也会畏惧(他们)”[23]。

有此前车之鉴，该委员会警告道，“当今时代，政府的技术能力不断提高，我们必须警惕政府转向独裁(big brother government)。”因为“潜在的权力滥用是很可怕的”，这要求“特别注意更新限制措施，使其不但解决过去的问题，而且预测和防止未来可能出现的技术滥用”。为此，“如果想要明智地行使职责，行政部门和国会官员必须充分了解情报活动”。“此外，美国公众也应该充分认识情报活动，以利用其好的方面解决潜在的政策和道德问题”。委员会坚称“知识是控制的关键”。因此，“保密不应当成为宪法、法律和道德问题的盾牌，以此逃避政府三个权力部门和美国人民的监督”[24]。

委员会呼吁“借助更为全面的立法宪章以此定义和控制联邦政府的情报活动”[25]，并提出一系列原则和建议，具体如下：

• 总统以及任何情报机构均不必然具有违反法律的宪法权力；

• 政府直接侵犯人民言论自由及结社权利的行动必须严令禁止；

• 除非有相关法令授权，否则任何情报机构不得参与联邦国内与安全相关的行动；

• 国家安全局即使出于收集外国情报需要，也不得对国内通信进行监控；

• 在某种程度上，国家安全局会意外监控到美国公民的通信，由此必须尽最大努力避免或降低通信被拦截、选中或监控的可能性；

• 在某种程度上，国家安全局会意外监控到美国公民的通信，由此此类信息及其派生信息的传播应当严令禁止，除非其被证实与敌对国家的情报、恐怖活动，严重犯罪行为或会造成死亡或严重身体伤害的威胁有关；

• 国家安全局不应当要求任何通信服务商提供通信信息；

• 司法部部长对国内安全活动进行监督的责任和权力必须明确，同时情报机构顾问及总监的权力必须加强；

• 情报机构每年进行的项目均需获得法定授权；

• 国会应该制定相关方案，以为因联邦情报活动不当而受到伤害的人提供有效补偿；

• 国会应当通过新的常设情报监督委员会对国内的安全活动进行有力监督和审查；

• 美国公民在去海外旅行时同样拥有不受政府不当侵扰的权利，由此美国公民的应有权利在国内和国外应受到同等保护。[26]

* * *

1978 年，国会颁布《外国情报监视法案》，以落实丘奇委员会和其他国会委员会的改革建议。[27] 其核心问题涉及为外国情报需要而进行电子监控的合法性。1928 年，在奥姆斯特德 [28] 一案中最高法院认为，依据

《第四修正案》，窃听不是“搜查”，因为并未涉及对个人所有权的实质侵犯。然而，在《1934 年通信法案》（1934 Communications Act）中，国会对政府官员在刑事调查中进行合法窃听的条件作了相关限制。[29]

1967 年，在卡茨诉美国案[30]中，法院驳回奥姆斯特德的反对意见，指出《第四修正案》“保护的是人而非场所”。法院认为，就现代技术条件而言，《第四修正案》应当保护个人和社会“对隐私的合理预期”。正是这种观点导致《第四修正案》禁止政府使用窃听手段，除非基于可能拦截到犯罪行为的相关证据，而从中立公正的法官处获得搜查令。

然而，目前尚不清楚同样的规定是否适用于政府调查“与本国有关或无关的外国势力的活动”[31]。一般认为，总统拥有广泛的宪法权力来保护国家在外国情报监控领域不符合《第四修正案》常规要求的行为。正是在这样的背景下，国会适时推出《外国情报监视法案》。

《外国情报监视法案》试图抵御丘奇委员会所提出的各种权力滥用行为，同时提高国家免受外部威胁的能力。有些人认为情报机构应当维持最大程度的灵活性，另一些人则坚持对外国情报监视与普通监视(至少是所涉美国人的权利）进行同等限制，《外国情报监视法案》恰在两者之间取得了平衡。

为此，《外国情报监视法案案》限定了外国情报监控的合法框架，其须符合政府三个权力机构的严格规定，并接受结构化监督。此外，还赋予政府在外国情报监控领域比在其他类型监控领域更大的自由。[32]

《外国情报监视法案》对政府在美国境内使用电子监控从“外国势力”处获得外国情报的权力施加限制。“外国势力”一词不仅指国外相关国家，而且包括外国间谍以及“从事国际恐怖主义活动的组织”[33]。《外国情报监视法案》规定建立外国情报监视法庭，由美国首席大法官任命 7 名(现在是 11 名）联邦法官组成。《外国情报监视法案》规定，任何政府机构为外国情报需要在美国境内进行电子监控都必须从外国情报监视法庭获得授权。为获得这一授权，政府必须提出“适当的理由确信电子监控的目标就是外国势力的间谍”[34]。

这里值得注意的是以下几个重要方面的问题。首先，政府必须从外国情报监视法庭获得授权，意味着《外国情报监视法案》否定了先前总统有权在没有司法监督的情况下，允许在美国境内从事外国情报监控的做法。这是一项重大的创新。

其次，国会设立外国情报监视法庭，以处理涉及外国情报监控的涉密信息和项目。普通联邦法院一般不具备处理此类事务的设施和安全许可，因此设立特别法庭使涉密问题有法可循是很有必要的。

再次，《外国情报监视法案》对总统有关在美国境外从事外国情报活动的权力未作规定。同时，也并未要求政府须从外国情报监视法庭获得授权，以便合法窃听两个俄罗斯人在莫斯科或者两个美国人分别在法国和英国的通话信息。在此情况下，《外国情报监视法案》依循以往惯例将这一问题交由行政部门依据《1947 年国家安全法案》（National Security Act of 1947）[35]、《1959 年国家安全局法案》（National Security Agency Act of 1959）[36] 和美国宪法处理。

最后，《外国情报监视法案》并未限制政府对外国情报进行电子监控，前提是有理由确信正在从事犯罪活动。相反，《外国情报监视法案》规定，政府可在美国境内进行电子监控从而获取外国情报信息，只要给出适当的理由使外国情报监视法庭确信监控的目标是外国势力的间谍即可。

依据《外国情报监视法案》所建立体系的相关特性反映了当时国会对利用电子监控收集外国情报和进行传统刑事调查之间的差异的理解。但是根据过去权力滥用的历史、政治化的可能性以及对包括美国公民在内的没有犯罪行为嫌疑的个人授权进行外国情报监控的决定，《外国情报监视法案》制定了广泛的防护措施，以防止权力滥用。

例如，《外国情报监视法案》规定，司法部部长负责批准《外国情报监视法案》权证的申请；司法部部长每六个月应向众议院和参议院情报委员会报告《外国情报监视法案》实施和授权监控有关情况；司法部部长每年应向国会和公众定期发布报告，公布申请《外国情报监视法案》权证总数以及权证申请批准、修改和被驳回总数；任何美国公民或境内合法居民都不会"在宪法第一修正案的保护下"而成为监控目标。最后，对于本身并非《外国情报监视法案》监控目标，但其活动或个人信息被合法的电子监控意外获取的人，《外国情报监视法案》要求使用最小化程序（minimization procedures）来保护个人隐私权。[37]

从1978年直至"9·11"恐怖袭击事件，《外国情报监视法案》略有改变。最初其仅应用于电子监控领域，国会逐渐将其应用至其他调查方式。1995年，扩展至人身搜查领域；1998年，扩展到笔式记录器、诱捕和追踪命令(政府得以在命令发布后获得联系人的电话号码和电子邮件)领域，同年又扩展至允许访问有限形式的业务记录，包括由普通运输公司保存的文档、公共住宿设施、存储设施、车辆租赁设施等领域。[38]

从1978年到2001年，《外国情报监视法案》构建了相当重要的法律框架，旨在维护国家所承诺的"共同防御"和"保护自由的福祉"之间的平衡。

* * *

外国情报活动并非只由《外国情报监视法案》管理。其他法规和行政命令负责处理情报部门其他方面的问题。《国家安全法案》（National Security Act）[39]和其他法律往往与特定机构相关，如《中央情报局法案》（Central Intelligence Agency Act）[40]和《国家安全局法案》（National Security Agency Act）[41]，均对相关机构的权力范围作出限定。此外，情报部门还需接受《隐私法案》[42]和《电子通信隐私法案》等的管理[43]。

第12333号行政命令主要负责管理不受《外国情报监视法案》制约的外国情报活动。[44]命令明确指出情报部门的各项任务及权力，建立了信息获取和个人隐私保护之间适当平衡的原则，以及管理有关美国人

（美国公民及在美国境内合法居住的非美国公民）个人信息的收集、保留和传播。

第 12333 号行政命令授权司法部部长颁布指导原则，要求每个情报部门均制定相应程序说明如何收集、保留和传播美国人的信息。指导原则应明确每一机构的权力和职责。就国家安全局而言，第 12333 号行政命令指定其负责管理情报部门的信号情报(Signals Intelligence, SIGINT)，并且信号情报的收集活动由司法部部长确立的指导原则而非《外国情报监视法案》管理。[45]

第 12333 号行政命令 2.4 节禁止某些情报部门在美国境内从事某些类型的情报活动。例如，中央情报局通常被禁止进行电子监控；除联邦调查局之外，其他情报机构均被禁止在美国境内进行非经双方同意的人身搜查。

作为管理美国在其境外进行的情报活动的主要依据，第 12333 号行政命令要求收集外国情报必须符合已建立的情报优先级。由此，对在美国境外的非美国人进行电子监控必须满足特定的条件。相关条件和优先级将在该报告第四章予以详细说明。

三、“9 · 11”事件及其后果

“9 · 11”恐怖袭击事件真切体现了获取潜在恐怖分子活动详细信息的必要性。这有以下几个原因。

第一，某些可能有用的信息没有被收集，而其他一些可能有助于抵御攻击的信息没能在相关部门之间实现共享。

第二，21 世纪恐怖分子所能造成的破坏规模远远超出前人的想象。虽然我们不再担心武器常规爆炸物带来的威胁，但却需要面对大规模杀伤性武器，包括核设备和生物化学药剂的出现。此类攻击可能造成的国家损失、生命伤害、经济和社会混乱以及随之而来的公民自由的剥夺，将是令人震惊的。“9 · 11”事件无疑使人亲历了这一切。

第三，21 世纪恐怖分子在全球通信网络中进行运转，使其得以隐蔽自身并快速进行跨境沟通。对恐怖主义袭击进行有效防范，要求我们具备相应的技术能力以查获国际通信网中的此类通信。

第四，事实上，如今美国和其他国家所面对的许多国际恐怖分子都不会因惧怕惩罚而终止活动。防止犯罪行为的传统方式——被捕的恐惧和随后的惩罚——在打击一些恐怖分子时发挥的作用较为有限。与冷战期间苏联害怕报复反击而不敢对美国发动核攻击不同，21 世纪的恐怖分子并非美国及其盟友能够以相同手段施加反击的单一民族国家。在此情况下，事先侦查对“共同防御”来讲是至关重要的。

第五，大规模恐怖袭击威胁涉及核生化武器，会对环境造成巨大破坏，并引起国民忧虑。如果美国人认为自身正被不能确认的敌人渗透，而且随之带来大规模的死亡、破坏和生活混乱，并且防止此类攻击超出政府的能力范围，那么国民的生活质量将会受到严重危害。事实上，如果未来发生类似甚至更具破坏性的袭击，几乎肯定的是，即使会对个人自由和自治产生潜在的负面影响，这也将刺激监控技术的使用以防止进一步的攻击。

“9 · 11”恐怖袭击后，一名前内阁成员提出一个生动的比喻。他将“阻止”恐怖袭击的任务比作在一场足球比赛中守门员“必须阻止每一次射门”，如果对方“得一分”就代表恐怖分子获得成功。更糟的是，“守门员”看不到球——它是无形的；至于“球员”——“守门员”也不知道他们的数量、位置和大概的样子。[46] 事实上，无形的“球员”可能从前面、后面或其他任何方向发起攻击——而“守门员”毫不知情。[47]

尽管这一比喻可能有些夸张，但在 2001 年 9 月 11 日之后，政府对恐怖袭击进行更积极的监控和防范，以定位和识别潜在的恐怖分子并在攻击发生之前加以阻止。有一点明确的是：如果政府过于谨慎地对恐怖袭击进行侦查和阻止，那么给国家造成的后果可能是灾难性的。我们正面临并且将持续面临的挑战是，如何在不损害自由等美国和许多其他国家公民最为珍视的价值观的基础上获取信息。

四、情报体系

第 12333 号行政命令提出国家情报体系的核心任务是："准确及时地收集有关外国势力、组织或个人及其间谍的能力、意图和活动的相关信息，对国防和外交关系领域的决策来讲不可或缺。收集此类信息可谓首要任务，应全力以赴、有所创新、尽职尽责，既要符合宪法和相关法律的要求，又应对国家成立之初确立的原则给予尊重。"[48] 尽管审查小组并不负责对情报体系的多个不同部门及其活动进行综合评价，但我们仅提供一些大体上的观察意见。

首先，外国情报收集，是保护国家安全包括抵御恐怖主义威胁的一个重要方面。事实上，如今外国情报比历史上任何时候都更加重要。部分原因是在 21 世纪，美国所面临的国家安全和外交政策问题空前严重。其中包括国际恐怖主义威胁、大规模杀伤性武器扩散、网络间谍和网络战、大规模暴行、国际有组织犯罪、贩毒、人口贩卖等。此外，终结阿富汗战争，在中东引发革命性剧变以及成功处理我们与中国、俄罗斯之间的重大关系等的挑战也不可避免。

以上挑战大部分都具有重大的情报意义。决策者往往无法理解这些问题，也不能有针对性地制定政策，更不能在缺乏可靠情报的情况下有效施行相关政策。任何获得公开信息的专家都可以就欧元区危机和日本政坛等有关问题发表见解，但有关"基地"组织的计划、意图和能力，伊朗核武器项目的状况以及其他国家网络战工具的发展等问题，却不可能在缺乏可靠情报的情况下作出判断。

广泛的情报收集，包括国家安全局的活动都对保护国家安全做出了重要贡献。尽管存在争议，且考虑到重大改革的重要性，但是美国国家安全仍然有赖于于国家安全局和其他机构持续收集必要信息的能力。不管现在还是将来考虑改革提案时，政策制定者都应避免过度反应的风险，并且在作出变化时谨慎考虑削弱情报机构能力的可能性。

其次，尽管最近披露的信息和相关评论均在某种程度上形成一种印象，即国家安全局在全球范围内的监控是不加选择和普遍的，但事实并非如此。国家安全局的外国情报收集专注于与保护美国及其盟友国家安全相关的信息。此外，国家安全局所收集的大部分信息都是与其他国家政府共享，旨在增强其国家安全和公民的人身安全。

再次，《外国情报监视法案》将监督、审查和相互制衡机制纳入一个完整的系统，以降低情报部门法外行动的风险。我们提出许多建议来完善现有程序，但也应注意到现行有效的一些机制，包括检察长、隐私监督委员会、最小化程序[49]、高强度的训练要求、由司法部部长和国家情报局局长负责的强制性审查、外国情报监视法庭的司法监督以及向国会作定期报告等。附录 C 提供了以上监督机制的相关信息。

而与之形成鲜明对比的是，在《外国情报监视法案》颁布之前，审查小组并没有发现针对国内政治活动所进行的任何违法行为或其他权力滥用。这是最关键的，因为政府监控最大的风险之一就是削弱民主治理的潜在可能性。另一方面，不符合情报机构权力履行范围的严重事件持续发生，该报告稍后将作讨论。即使事件出于意外，仍引起人们对情报机构是否有效合法地行使其权力的严重担忧。

最后，“9 · 11”恐怖袭击后，制约情报机构行动的规则均作了相关修改。可以预见并确信的是，以上修改使情报机构拥有更广泛的权力来采取行动，以确保美国在将来能够抵御类似攻击。然而，由于我们处在危机时刻，新规则以及情报机构被授予的新权力总可能存在过犹不及的风险。

现在，是时候停下脚步统观一下形势了。借鉴过往经验并根据以下详述的几点，我们得出这样的结论：“9 · 11”事件之后扩大或创建的一些政府机构过度牺牲了个人自由、个人隐私和民主施政的根本利益。相信我们的建议将能够更好地在“提供共同防御”和“谋求我们及后代自由福祉”两个相互矛盾的目标之间实现平衡。

我们在谨慎、谦虚、尊重的原则指导下提出相关建议，无疑具有深远的意义，而且充分意识到它们需要慎重考虑和密切关注可能的后果。毫无疑问，2001 年 9 月 11 日以来，我们的国家安全和保障达到一定高度，可能在很大程度上是由情报部门积极、决断和有效的行动决定的。为此，所有美国人都应该感到自豪并心存感激。然而，即使这样，也并不意味着我们未来不能实现更好的平衡。

第三章　针对美国公民的外国情报监视政策改革

一、简介

该报告的核心议题之一就是在保护美国人的隐私权与保护国家安全之间寻求适当的平衡。在本章中，我们主要侧重于《外国情报监视法案》第 215 条款的内容及相关问题，如联邦调查局对国家安全信函的使用等。最近几个月来，由于相关业务记录的披露，这些问题被格外关注。

这一核心问题涉及政府尤其是情报机构，要求第三方如电话和互联网公司向其提交业务记录的权力。相关记录中的数据往往包含美国公民私人生活方面的重要信息，政府在何种情况下才被允许获取这些记录值得认真考虑。

本章还探讨了包含元数据的商业记录收集问题。构成元数据的电话号码或电子邮件等个人通信信息被披露到什么程度才算侵犯重要隐私权益？此外，本章就有关情报机构活动透明度和保密性的许多常见问题提出建议。建议的核心目标就是提高透明度并减少不必要的保密，以增进问责和公众信任。

二、第 215 条款：背景

“9 · 11”恐怖袭击发生仅仅一个星期之后，布什政府就向国会提出《爱国者法案》(PATRIOT Act)。这项经压倒性的投票通过的立法，给《外国情报监视法案》带来许多重大改变。[50] 其中最重要的是增加第 215 条款，极大扩展了《外国情报监视法案》发布命令迫使第三方向政府提交业务记录和其他有形实体的范围。

最初于 1978 年颁布的《外国情报监视法案》并没有赋予政府任何权力来强迫获取以上记录。然而，1998 年，俄克拉荷马和第一世界贸易中心爆炸案发生后，国会对《外国情报监视法案》进行修订，授权外国情报监视法庭发布命令以“调查收集国外情报信息或调查国际恐怖主义活动”为目的，从“常见的载体、公共设施设备、物理存储设备或车辆租赁设施”中获取小范围的记录信息，以便“提供具体明确的事实使人确信该记录涉及的人员是外国势力或是外国势力的间谍”。[51]

《爱国者法案》第 215 条款通过以下两种方式扩展了这种权力。第一，它取消了对强制产生这些记录的实体类型的限制，并授权外国情报监视法庭发布命令强制获取“所有有形的东西，包括书籍、记录、文件、文档和其他物品”。第二，它改变了发布此类命令的标准。先前，政府必须能够“提供具体明确的事实使人确信该记录涉及的人员是外国势力或是外国势力的间谍”[52]，而现在只要“出于防止国际恐怖主义或秘密情报活动调查需要”，第 215 条款就授权外国情报监视法庭发布此类命令获取记录。[53]

然而，这一提案因过于宽泛而饱受诟病。之后，国会在《爱国者法案修正案》以及 2005 年颁布的《再授权法案》(Reauthorization Act) 中对第 215 条款作了修订。规定，只有政府提供“经事实表明有合理的理由确信寻求的实物信息与经授权进行的调查有关，并旨在打击国际恐怖主义或进行秘密情报活动”时，外国情报监视法庭才能发布类似命令。[54]

* * *

那么第 215 条款符合《第四修正案》吗？有以下两方面的考虑。第一，第 215 条款不要求提供可能的原因。然而，最高法院长期以来都认为"《第四修正案》并未打算通过传票干扰法庭强制获取证据"，只要该命令强制获取的记录信息和其他实物符合"合理性"的一般标准即可。[55] 理论上，第 215 条款将传票的原则从传统刑事调查领域延伸至外国情报领域。

第二，许多情况下，第 215 条款是用来获取涉及个人隐私权益的相关记录的，而个人信息都包含在第三方持有的记录中。基于以上原因，政府就要从银行处获取特定个人的金融信息，或从电话公司处查询特定个人的通话数据。在 20 世纪 70 年代所作的一系列决策中，最高法院认为，个人不应对他们自愿提供给第三方，比如银行和电话公司的信息抱有"合理的隐私期待"，这是因为"个人自愿提供给第三方的信息，并不是《第四修正案》保护的对象"。在米勒诉美国案（*Miller v. United States*）[56] 中，法院将这一理由应用于银行记录，而在史密斯诉马里兰案 [57]（*Smith v. Maryland*）中，这一理由又被延伸至个人通话记录。

正是这些决策促成了第 215 条款的施行。1978 年，国会依托米勒和史密斯颁布《1978 年金融隐私权法案》（Right to Financial Privacy Act of 1978）。[58] 尽管《金融隐私权法案》通常禁止金融机构披露个人财务记录，但它同时明确规定响应合法传唤和搜查令来披露此类记录。[59] 在国家安全的大背景下，国会依托米勒和史密斯给政府收集外国情报信息提供了重要的新工具。

例如，1998 年，国会对《外国情报监视法案》进行修订，授予政府使用"笔式记录器"和"诱捕和追踪"设备。[60] 诱捕和追踪设备可识别来电源头，而笔式记录器则会显示来电号码。1998 年修正案授权外国情报监视法庭发布命令，强制要求电话服务提供商允许政府安装这些设备，以使其获取与外国情报调查“相关”的信息。[61]

正如前面提到的，同年，国会颁布第215条款，规定外国情报监视法庭在政府有合理理由确信寻求的记录和实物与经授权进行的调查有关，并旨在打击国际恐怖主义或进行秘密情报活动时，就能发布命令强制要求第三方提供记录及其他实物信息。[62]《爱国者法案》后来扩展这一权力，使其包括发送方/接收方信息，如电子邮件及其他形式的电子通信信息等。[63]

尽管米勒和史密斯使以上权力的行使成为可能，但如今也有人质疑这些决策是否仍属良法。在2012年美国诉琼斯案(*United States v. Jones*)[64]的判决中，法院认为，通过在个人车辆上安装GPS设备对其所在位置长期进行监视构成侵犯，也符合《第四修正案》中对“搜查”的界定。在达成这一决议过程中，有五名法官认为，即使不存在技术手段入侵且个人在公共场合的活动是自愿暴露给第三方的，但监视仍可能侵犯了司机“对隐私的合理期望”。正如索尼娅·索托马约尔(Sonia Sotomayor)法官所提出的，“我们有必要重新考虑的前提是，对于自愿披露给第三方的信息，个人就不应怀有对隐私的合理期望……但这并不适用于数字时代，因为人们在日常生活中向第三方披露了大量的信息。因此，我不认为出于特定目的的自愿披露给(其他人)的信息应该被剥夺受《第四修正案》保护的权利”[65]。

同样的，塞缪尔·阿利托(Samuel Alito)法官在与露丝·贝德·金斯伯格(Ruth Bader Ginsburg)、斯蒂芬·布雷耶(Stephen Breyer)和埃琳娜·卡根(Elena Kagan)法官的相同意见中宣称，“当《第四修正案》被采纳时，我们必须确保隐私的保护与当前政府的力量相抗衡”[66]。在指出现代技术进步会严重削弱传统上对隐私的合理期望之后，阿利托大法官认为，《第四修正案》必须考虑这种变化。虽然在琼斯案中法院并未直接驳回米勒和史密斯，而是将其延后讨论，但多数大法官表示，现今步入科技社会，与20世纪70年代截然不同，如何将以上决策中普遍认可的原则加以适用是一个问题。

然而，最高法院最终解决了《第四修正案》的问题，这一问题便不存在了。我们的目的并非对《第四修正案》作出解释，而是提出合理的公共政策方面的改革建议。在琼斯案的相同意见中，阿利托大法官指出，“对新的干扰隐私方式的担忧可能会促使法律的颁布”。他补充道，事实上，在“科技剧变”的时代中，“解决隐私问题的最佳方式可能正是立法”，因为“立法机构非常适合评估不断变化的公众态度，从而采取具体措施，实现隐私和公共安全之间的平衡”[67]。

三、第215条款与“一般的”业务记录

建议1

我们建议对第215条款进行修订，规定只有以下情况才能授权外国情报监视法庭发布行政命令，以强制要求第三方公开特定人员的隐私信息：

(1) 政府有充足理由确信信息搜集获得相应的调查授权，旨在“反对国际恐怖主义或从事秘密情报活动”；

(2) 与传票类似，该行政命令具备合理的关注焦点、适用范围和普适性。

如前所述，在政府有充足的理由证实所寻求的有形实物与授权进行的调查相关且旨在“反对国际恐怖主义或从事秘密情报活动”时，第215条款赋予外国情报监视法庭实质上类似于传票的权力，可发布命令要求第三方向联邦调查人员提交记录和其他有形实物。[68] 第215条款清楚地表明，为使政府在该权力支持下获取记录和其他实物，它们必须是“可以由美国法庭在大陪审团调查的支持下出具的传票或者由美国法庭颁布命令即可获取的记录或相关实物”[69]。

下面对传统的传票与第 215 条款从以下几点作一比较：(1) 第 215 条款涉及国家安全调查，而非刑事调查；(2) 第 215 条款涉及的命令由外国情报监视法庭发布，而传票是其他联邦地区法院诉讼过程中发布的；(3) 基于国家安全调查的敏感性，执行第 215 条款的过程涉及高度机密；(4) 第 215 条款的“相关性”和最小化要求有效体现了使用传票时的“合理性”标准。如果说传统的传票是一种收集证据的适当方法，而且能在刑事调查的背景下，取得隐私权与公共安全的合理平衡，那么以类似的方式运用第 215 条款似乎也是一种收集信息的适当方法，在经授权进行的调查背景下，旨在“反对国际恐怖主义或从事秘密情报活动”。

但我们不这样认为。传票通常在特定的刑事调查中用于获取有关个人的记录或实体，而只要有合理的理由证实所寻求的有形实物与授权进行的调查相关且旨在“反对国际恐怖主义或从事秘密情报活动”时，第 215 条款则授权外国情报监视法庭发布命令获取记录及其他有形实物。传票的类似情况是法庭命令银行和信用卡公司将财务信息提交给警方，前提是警方有“合理的理由证实寻求的有形实物与授权对贩毒集团进行的调查相关”。

这一提议使政府官员拥有极大的自由裁量权，可自行决定获取记录的对象。“9 · 11”恐怖袭击发生后，相应的标准发生改变，2005 年标准取代之前 1998 年的标准，由此外国情报监视法庭几乎无权确定依据第 215 条款发布命令的各项因素。我们认为，在合理的公共政策问题上，由中立公正的法官搜捕可疑的恐怖分子比政府调查员更为可取[70]，从而作出关键决策，判断政府是否有合理理由侵犯任何特定个人或组织受法律保护的隐私权益。行政命令在“关注焦点、适用范围和普适性”上必须是合理的，这一明确的司法要求是为了保证司法监督这一关键要素。

四、国家安全信函

建议 2

我们建议对授权发布国家安全信函的法规进行修订，只有在以下司法认定的情况下国家安全信函才允许发布：

（1）政府有充足理由确信信息搜集获得相应的调查授权，旨在“反对国际恐怖主义或从事秘密情报活动”；

（2）与传票类似，该行政命令具备合理的关注焦点、适用范围和普适性。

建议 3

我们建议对授权使用国家安全信函的法规进行修订，要求其适用与目前依据第 215 条款所发布行政命令相同的监督、最小化、保留和传播标准。

米勒案判决后不久，国家安全信函作为一种行政传票由国会创设。[71]依据五个相对独立的联邦法令条款[72]，国家安全信函授权联邦调查局和其他政府机构在特定情况下，为国家安全调查需要强制个人和组织提交记录，这类似于第 215 条款的有关规定，以及刑事检察官通过法官或者在大陪审团调查下通过刑事检察官签发的传票而获取的记录。国家安全信函主要用来获取电话费用记录、电子邮件订阅信息、银行和信用卡记录等。尽管国家安全信函最初被谨慎使用，但是联邦调查局在 2012 财政年度仍为获取用户信息发出 21000 份国家安全信函。国家安全信函早期最常在调查中用来收集与可疑恐怖分子、间谍、外国势力或恐怖组织相关的信息。

最初，只有得到联邦调查局总部副局长及以上级别的官员批准，并且基于具体明确的事实确信该记录涉及的人员是外国势力或是外国势力的间谍，联邦调查局才被授权发出国家安全信函。[73]2001 年的《爱国者法案》大幅扩展了联邦调查局发出国家安全信函的权力。首先，根据《爱国者法案》，联邦调查局在全国范围内 56 个办公室的高级特工都可以发出国家安全信函，不再必须由联邦调查局总部的高级别官员签发。

其次，《爱国者法案》规定不再需要详细列举针对个人的怀疑。[74] 依据《爱国者法案》，只要联邦调查局官员证实所寻求的记录与“授权进行的调查”相关，联邦调查局即可发出国家安全信函。最后，《爱国者法案》授权联邦调查局发布保密令(有时也作“禁声令”)，禁止接收国家安全信函的个人和机构随意披露这一事实，而且这是首次由司法推动执行的保密令。[75] 在考虑授予联邦调查局使用国家安全信函的权力时，最重要的是要强调国家安全信函由联邦调查局直接发出，而非由法官或检察官在大陪审团的支持下发出。[76] 只有当国家安全信函的接收人明确违反法律时，法庭才会介入。[77]

国家安全信函备受争议，有以下几个方面原因：第一，正如前面指出的，国家安全信函由联邦调查局官员发出，而非法官或检察官在大陪审团的调查下发出。第二，如上所述，联邦调查局发出国家安全信函所需满足的标准非常低。第三，在国家安全信函的使用上存在严重的合规问题。2007 年，司法部监察长办公室(Department of Justice’s Office of the Inspector General）详细说明了国家安全信函权力的广泛滥用，包括未经过制定官员批准发出国家安全信函，在未经授权进行的调查中使用国家安全信函等。[78] 此外，2008 年，监察长透露，“外国情报监视法庭通过援引《第一修正案》，曾在同一调查中两次拒绝签署第 215 条款命令，联邦调查局由此发出国家安全信函”[79]。第四，使用国家安全信函所适用的监督和最小化，远不如在依据第 215 条款发布命令时来得严格。[80] 第五，97% 的国家安全信函都会同时发布保密令，这无疑妨碍了个人自由和《第一修正案》所保障的权利。[81]

还有最后一个有关国家安全信函的重要问题。当政府调查可能侵犯个人隐私时，往往需要作出中立客观的判断，如此存在一个争议就是国家安全信函不应由联邦调查局自行发出。虽然行政传票通常由行政机构发出，但是外国情报调查尤其可能涉及高度敏感的个人信息，并很可能给接受调查的个人带来潜在的严重后果。第 215 条款命令和使用笔式记录器、诱捕和追踪设备进行监控的命令均由外国情报监视法庭发布，而国家安全信函却由联邦调查局发出，对此我们无法给出其中的原因。

然而，我们应当认识到现存的立法实际和人员问题。在当前情况下，要求国家安全信函须由外国情报监视法庭批准，将在人员方面构成严重挑战。外国监控法庭只有少数法官，而联邦调查局目前平均每天要发出近六十份国家安全信函。基于目前的现状，寄望外国情报监视法庭来缓解压力是不现实的。这是一个值得进一步研究的问题。当然也有一些解决方案是可行的，包括大幅增加外国监控法庭法官的数量，在外国情报监视法庭内组织一些地方法官专门处理国家安全信函请求，以及依据《涉密信息程序法案》（Classified Information Procedures Act）[82] 由其他联邦法院发出国家安全信函等。

我们认识到程序的转变需要时间、规划和方法，而这也意味着当前制度的重大变化。我们并不建议未经仔细考虑就立即着手改革，但也应在合理范围内尽可能快速。转变完成后，在非时间紧迫的紧急情况下，国家安全信函不应未经司法审批而发出。[83] 我们最后要强调的重要一点是：在真正紧急的情况下，符合相关标准和原则时，可以不要求事先经过司法批准。

五、第 215 条款和大规模电话元数据收集

1. 大规模电话元数据收集项目

关于第 215 条款的一个解读是，“有合理的理由确信所寻求的实物与经授权进行的调查相关”。这就意味着该命令必须详细说明需提交给政府的记录或物体的合理特性。例如，命令可能明确指出，信用卡公司必须

交出涉嫌计划或参与恐怖活动的特定个人的信用记录，或者电话公司必须提交在恐怖活动发生之前的某段合理时间内，与涉嫌实施恐怖行动人员联系过的某个人的通话记录。这里所指的“相关性”与传统的传票中的意义相一致。

然而，2006 年 5 月，外国情报监视法庭采用了一种对“相关性”更广泛的理解方式。[84] 正是这一决策导致了依据 215 条款所进行的大规模电话元数据收集项目。在这一决策以及之后的 35 项决策中，15 名外国情报监视法庭法官依据第 215 条款发布命令要求指定的通信服务提供商将“差不多 90 天时间内每日所有呼叫详细记录及美国国内外包括本地电话的所有电话元数据”提交给联邦调查局和国家安全局。[85]

必须获取的“电话元数据”涵盖“综合通信路由信息，包括但不限于会话识别信息 [如拨出和接收的电话号码、国际移动用户身份 (International Mobile Subscriber Identity，IMSI) 号码、国际移动用户识别码(International Mobile Station Equipment Identity，IMEI) 等]、中继线标识符、电话卡号码、通话时间以及持续时间等”[86]。命令明确规定，所获取的元数据“不包括任何实质性的通信内容……或者姓名、地址，或者用户、客户的财务信息”，也不包括“基站的位置信息”。[87] 命令还包含一个保密条款，要求除非有例外情况，否则“任何人都不应当向其他人披露联邦调查局和国家安全局在该命令下寻求或获取的实物信息”[88]。

外国情报监视法庭依据第 215 条款批准大规模电话元数据收集项目，是基于国家安全局断言，获取所有记录对反恐情报工作是至关重要的。因为国家安全局分析人员持续追踪掩盖其通信和身份的特定外国恐怖主义组织的活动、成员、计划的唯一有效手段，就是“获取和维护元数据的归档文件”[89]。政府对此项目的理论根据说明如下：

在打击国际恐怖主义和防止潜在的灾难性恐怖袭击方面，美国面临的最大挑战之一就是识别恐怖分子和网络，尤其是在美国境内活动的。

通过恐怖分子的通信状况发现威胁已经是并且将持续成为打击恐怖主义的关键方法之一。如今的当务之急是，我们必须具备快速识别所有在美国境内的恐怖主义威胁的能力。

通过分析基于电话号码或与恐怖活动相关的其他标识符的电话元数据，训练有素的专业分析家就可以确定那些已知或疑似恐怖分子一直在接触的美国人。在这方面，该项目帮助填补了2001年“9·11”恐怖袭击中所显露的关键情报缺口。[90]

实际上，这意味着指定的服务提供商必须从各自的系统中，持续向政府提交所有在美国、拨往美国或从美国拨出的电话记录。国家安全局对大规模电话元数据保留约五年时间，然后元数据会自动从国家安全局系统中滚动清除。从目前的情况看，第215条款项目每天会获取大量电话元数据，但这只占到服务提供商所持有元数据的一小部分。重要的是，2011年国家安全局放弃了网络通信方面的一个类似的元数据项目。[91]

根据外国情报监视法庭所发布命令的有关条款，管理和使用电话元数据有以下限制：

（1）国家安全局将在由其控制的安全网络存储库中存储和处理元数据。元数据应当标注独特的标记，以便软件和其他控件(包括用户身份验证服务）仅限接受相应专门训练的授权人员进行访问。同时，国家安全局也应仅限接受相应训练的授权人员访问元数据。

（2）政府禁止以除“获取外国情报信息”以外的任何目的访问元数据。[92]

（3）国家安全局访问元数据的目的只是通过查询元数据获得外国情报，通过选择条目，有点类似于“种子”的功能，依照远程访问服务的审批程序获得链接信息。这意味着，只有存在“形成合理清晰怀疑的事实”，也就是说，特定的电话号码与某个外国恐怖组织相关，国家安全局才得以访问元数据进行条目查询。与查询相关的外国恐怖组织名单由政府负责提交并由外国情报监视法庭批准。

（4）合理清晰的怀疑显示，所有特定的标识符都与外国恐怖组织相关，而这最初只需由22个(20名运行人员和2名监管员）在国家安全局受过专门训练的人中的一个就能发现。所有有关合理清晰怀疑的决策都必须至少由以上人员中的两个独立作出，然后在查询之前由两名监管员中的一个批准。

（5）在所有选择条目被查询之前，国家安全局总法律顾问办公室(Office of General Counsel，OGC）必须首先确定这是否能合理认定由美国人使用。[93] 如果答案是肯定的，并且仅由受《宪法第一修正案》保护的行为就认定其与特定的外国恐怖组织有关，那么该选择条目就可能不被允许查询。

（6）国家安全局应当采取足够适当的技术和管理手段加以控制，确保针对用于情报分析的元数据的查询，仅限于符合“合理清晰怀疑”条件的选择条目。每当元数据被用来进行外国情报分析或使用外国情报分析工具时，都会生成该活动的审计记录。

（7）如果某一选择条目被合理认定为由美国人使用，那么其可被查询的有效期是180天，而其他人则是一年。

（8）在所有查询结果可能在国家安全局之外共享(通常是与联邦调查局）前，国家安全局必须遵循最小化的传播要求。而在查询结果与美国人的个人信息相关时，还必须由更高级别的官员确定其确与反恐相关，并且有必要了解此信息或对其重要性进行评估。

（9）外国情报监视法庭既不审查也不批准个人事先或事后的查询。但它的确设置了查询的标准，并且每30天就会收到来自国家安全局有关查询元数据的标识符数量和查询结果的报告。司法部、参议院和众议院情报委员会也会定期收到有关该项目的简报。

（10）国家安全局和司法部国家安全处(National Security Division of the Department of Justice，NSD/DOJ）对该项目进行定期严格的监

督。例如：

• 国家安全局总法律顾问办公室和合规主任办公室(Office of the Director of Compliance，ODOC）应确保访问元数据的人员就元数据及其查询结果的收集、存储、分析、传播和保留的程序及相关限制等问题，接受过专门充分的培训和指导。[94]

• 司法部国家安全处负责接收所有正式简报及培训材料。国家安全局合规主任办公室负责监控软件和其他控件(包括用户身份验证服务）的安装使用以及审计信息日志。[95]

• 国家安全局总法律顾问办公室应当就所有重大的，与这项权力的解释、范围或施行相关的法律意见，与司法部国家安全处进行商议。两者至少每隔 90 天应举行会谈，以评估外国情报监视法庭命令的合规性。会谈的结果应以书面形式提交给外国情报监视法庭，以作为申请更新或恢复此权力的一部分。[96]

• 司法部国家安全处与国家安全局监察长办公室应当至少每隔 90 天举行会谈，以讨论各自的监管责任，并评估国家安全局遵守外国情报监视法庭命令的合规性。国家安全局总法律顾问办公室和司法部国家安全处应当至少每隔 90 天抽样审查查询元数据批准有无正当理由且符合“合理清晰怀疑”标准。[97]

• 国家安全局大约每隔 30 天就必须向外国情报监视法庭提交一份报告，内容包括讨论国家安全局“合理清晰怀疑”标准的应用，声明国家安全局以所有形式与外部人员共享的，包含美国人个人信息的元数据查询结果的数量，以及证明每一被共享的与美国有关的信息，都与反恐相关并且有必要了解或评估其重要性。[98]

依据第 215 条款所进行的大规模电话元数据收集项目是如何在实践中进行操作的？ 2012 年，国家安全局查询了 288 个独特的标识符，每一个都由国家安全局分析家认定满足“合理清晰怀疑”标准。当查询标识符或者“种子”电话号码时，国家安全局即可收到过去五年中，打进或拨出的所有电话号码的清单。这就是“第一跳”（first hop）。例如，种子号码在过去五年间与 100 个不同的电话号码联络，那么国家安全局就将收到这些电话号码的清单。考虑到国家安全局有合理清晰的怀疑确信种子号码与外国恐怖组织相关，那就有必要确定是否有理由怀疑这 100 个号码也与外国恐怖组织相关。如果是的话，则查询就发现了与潜在的恐怖主义网络的可能连接，值得进一步调查。相反，假定以上 100 个号码中没有被认定为与恐怖活动相关的，那就没必要担心潜在的恐怖分子与美国境内的同谋者有所接触了。

在大多数情况下，国家安全局会进行“第二跳”（second hop）。也就是说，通过查询数据库获取“第一跳”中 100 个电话号码拨出或打进的号码清单 。继续假设：在五年时间内这 100 个电话号码拨出及打进的电话号码平均就是 100 个，那么查询就将产生有 10000（100 × 100）个电话号码的清单，也就是从被合理认定与外国恐怖组织相关的人那里“跳”了两次。如果在 10000 个电话号码中有一个被认定与恐怖组织相关，那么这可能不仅对调查在第一跳和第三跳中涉及的个人来说是有用的信息，而且也对调查第二跳(中间人）的相关个人有用。在极少数情况下，国家安全局会进行第三“跳”，而这将会把清单上的数字扩大至约 100 万(100 × 100 × 100)。

2012 年，国家安全局的 288 个查询为联邦调查局带来 12 条“线索”，并呼吁其展开进一步调查。如果联邦调查局通过第 215 条款项目调查电话号码或其他标识符，那就必须依靠其他信息来识别所检索号码的个人用户。如果通过进一步调查，联邦调查局找到可能原因怀疑美国境内的某一标识符合谋与人从事恐怖活动，那他们就可以向外国情报监视法庭申请命令，授权其拦截将来此电话号码拨出或打进的通信内容。

国家安全局认为，来自依据第 215 条款进行的大规模电话元数据收集项目，在少数情形下帮助美国或世界其他地方有效阻止了可能的恐怖袭击。而更常情况下，依据第 215 条款查询落空的结果则有效缓解了对恐怖分子嫌疑人与在美国境内的同谋者接触合作的担心。我们的审查表明，依据第 215 条款收集的、推动恐怖主义调查的电话元数据信息对阻止攻击来讲并非必要，而且它们均可通过常规的第 215 条款命令及时获取。此外，考虑到该项目所收集的元数据仅覆盖少数通信服务提供商的部分记录，因此，对于该项目能有效缓解对可能的恐怖分子联系的担忧这一观点，审查小组持谨慎态度。

* * *

大规模电话元数据收集项目经历了几次重大的合规风波。例如，2009 年 3 月，外国情报监视法庭得知国家安全局在长达两年半的时间里，搜查了列有嫌疑恐怖分子“警报清单”上的电话号码所有打进的电话元数据，而这一清单是出于其他目的而制，上面将近 90% 的号码不符合“合理清晰的怀疑”标准。[99]

外国情报监视法庭法官雷吉 · 沃尔顿(Reggie Walton）认为，最小化要求被太过“频繁和有组织地侵犯，以至于完全可以说，整个制度中的这一关键要素从未真正有效地运作过”。[100] 尽管发现不合规行为纯属意外，而且是由部分分析家对使用元数据有关原则的误解所造成的，但沃尔顿法官仍认为“政府未能确保承担责任的官员充分理解国家安全局的警报清单程序，并准确地向法庭报告其施行情况。这使得在两年多的时间里，政府和外国情报监视法庭未能采取措施补救对最小化要求的日常侵犯，而最小化要求是由外国情报监视法庭命令所规定的，并旨在保护不属于任何调查范围的美国境内的美国人的通话详细信息，而且这些也不应通过该项目合法获取”[101]。

沃尔顿法官还发现合规问题事件涉及训练不足的分析家，他们甚至没有意识到自己正在查询元数据。[102] 国家安全局的分析家在事先未确定满足“合理清晰的怀疑”标准的情况下使用 2373 个外国电话标识符查询元数据。由此，沃顿法官认为，“由外国情报监视法庭命令批准并采用的最小化要求被太过频繁和有组织地侵犯，以至于完全可以说，大规模电话元数据收集项目中的这一关键要素从未真正有效地运作过”[103]。

虽然国家安全局坚称他们已经从不合规事件中吸取教训，并且采取了补救措施以防再次发生，但沃尔顿法官驳斥了政府的说法。他认为，就这些措施而言，法院根本就不需要采取任何进一步的补救行动。很明显，“国家安全局的数据访问技术和实际操作从未充分遵守最小化要求，”国家安全局局长基思·亚历山大(Keith Alexander）承认，“没有一个人完全了解(第 215 条款)《外国情报监视法案》的系统架构。”[104]

基于以上认定和其他信息，沃尔顿法官认为“法庭不会允许政府访问所收集的数据，除非政府重建法院信心，使其相信政府能够并且将会遵守访问这些数据的审批程序”。否则，政府只有在接到外国情报监视法庭发布的命令，授权其在符合“合理清晰的怀疑”标准的前提下，进行针对个例的特定查询时，才被允许访问数据。[105]

沃尔顿法官于 2009 年 9 月解除这一限制，因为国家安全局及时纠正了发生违规事件的原因，并采取有效的防护措施，从而降低了未来类似违规事件发生的可能性。[106]

* * *

值得注意的是，2013 年夏天大规模电话元数据收集项目曝光后，一些评论家认为，该项目违反宪法并且超出国会授权的范围。有关宪法的争论在很大程度上转向米勒和史密斯是否仍为良法，以及是否应由他们控制大规模电话元数据收集。在最近的外国情报监视法庭意见中，玛丽·A·麦克劳克林(Mary A. McLaughlin）法官承认，“随着 21 世纪通信技术的发展，最高法院将来可能会重新审视第三方披露原则”，但最终得出结论，在那之前，“史密斯仍将控制由政府从服务提供商处获取的电话元数据”[107]。

法定异议声称，外国情报监视法庭对第 215 条款的解释侵犯了“相关性”这一概念。一些评论家指出，尽管法院在民事诉讼中支持相对广泛的传讯，但在行政诉讼和大陪审团调查中，“没有哪一次判决被报道的传票像外国情报监视法庭的电话元数据命令引发广泛讨论”[108]。然而，在最近一次外国情报监视法庭的判决中，克莱尔 · V · 伊根(Claire V. Eagen）法官认为，大规模电话元数据收集项目符合她所称的“第 215 条款中所设定的低级法定障碍”[109]。我们的责任并非解决这些问题，而是从健全公共政策的角度来为将来提供指导。

2. 大规模个人信息收集

建议 4

我们建议，一般情况下，在没有高级政策审查的情况下，政府不应被允许收集和存储所有数量庞大、未经整理、非公开的个人信息，用于日后的外国情报查询和数据挖掘。任何涉及政府收集或存储类似数据的项目都仅限于维护政府重大利益。

接下来马上要谈到依据第 215 条款所进行的大规模电话元数据收集项目。为明确讨论方向并建立指导原则，我们先从一个宽泛的问题开始，这不仅涉及电话通话记录，还包括其他通过传统的传票方式获取的记录或其他实物信息，比如银行记录、信用卡记录、医疗记录、旅游记录、互联网搜索记录、电子邮件记录、教育记录和图书馆记录等。

下面我们的重点就是所有未经整理的、非公开的个人信息的大规模收集——这不单指针对经过选择或指定的特定信息(如航空公司乘客名单)，而是更广泛意义上的信息收集。虽然政府明确否认对依据第 215 条款所进行的此类大规模个人信息收集感兴趣[110]，但正如外国情报监视法庭所阐述的那样，没有任何法令会必然阻止这一项目。但问题在于，即使此项目符合《第四修正案》和第 215 条款的要求，那它是否可认定为合理的公共政策。

国际恐怖分子在招募成员、乘坐火车、从事金融活动和制订行动计划时不可避免地会留下痕迹，由此政府获取和分析此类个人信息就可以为侦查他们的交易、活动、行为、身份和计划提供有用的线索。换句话说，它可能帮助政府大海捞针，获得有用信息。但由于此类信息绝大多数涉及普通守法民众的行为，就存在严重侵犯隐私的风险。

就像国家科学院(National Academy of Sciences，NAS）所发布的一份报告指出的，“政府大规模收集个人信息会引发对数据误用和滥用、数据准确性及收集方式以及政府通过数据收集和分析进而不当影响个人生活的严重担忧”[111]。根据该报告，数据和通信流无所不在：

（他们）关注金融交易、医疗记录、旅游、通信、法律诉讼、消费偏好、网络搜索以及越来越多的行为和生物信息。这就是信息时代的本质。无论人们购物、旅行、使用银行账户、打电话、路过安全摄像头，还是接受处方、发送或接收包裹、上交所得税表格、申请贷款、给朋友发邮件、发传真、租录像带或者从事其他任何活动，都会在这些系统中留下个人数字痕迹。收集和分析这些数据能够在预防、发现和减缓恐怖袭击方面起到重要作用。但是即使面对类似恐怖主义威胁这样巨大的压力，我们国家所珍视的隐私权和公民自由的核心价值观也不能被破坏。

有一种担心是守法公民认为自身行为被政府机构严密监视，以致过度抑制他们参与民主进程或者为其社区的社会和文化生活做贡献，甚至会因为担心自身生活细节被披露乃至以同样方式用于对付他们而改变纯粹的私人生活和完全合法的行为。[112]

尽管存在以上担忧，但仍有观点对允许政府收集和访问所有信息表示支持。首先，有人可能辩称，基于米勒和史密斯的逻辑，人们并不担心这些事项的隐私问题，否则他们不会自愿让银行、信用卡公司、互联网服务提供商、电话公司、医疗服务提供者等获取其信息。

无论以上观点的逻辑是否符合《第四修正案》，作为公共政策而言它似乎就是不现实和不健全的。在现代社会，出于实际原因人们不得不使用银行、信用卡、电子邮件、电话、互联网、医疗服务等。他们决定将私人信息透露给第三方并不意味着其缺乏隐私保护意识，而是适应现代生活所必需的。他们想要的以及合理期望的，是在享受这些服务的同时维护自身隐私。在自由社会，理应具备如此健全的公共政策。

其次，或许有人辩称，没有必要为此类项目担心，因为只有存在充足理由时政府才会查询数据库信息。例如，只有在基于事实证明可以合理清晰地怀疑查询目标与外国恐怖组织相关时，政府才被合法授权查询信息数据库。这一限制无疑会减轻对大范围侵犯隐私的担忧，因为基于不具价值的甚或非法原因，政府将不会获得法定授权来通过查询数据库获取私人信息。

但这并不能完全消除担忧。一方面，在此类标准下不可避免会有许多查询涉及事实上并未参与恐怖组织的个人。这是误报——或者意外获取——的问题。每当政府基于相对勉强的原因而非绝对犯罪事实对个人进行调查时，都不可避免地存在误报问题。即使政府基于可能原因的司法认定获得授权，但还是常常有无辜的人被调查，因为可能原因（probable cause）与绝对确定（absolute certainty）相比大相径庭。

缓解这一担忧的一个方法就是依据第 215 条款改进法定查询标准，从合理清晰怀疑提高至可能原因。但即使这样，也存在侵犯隐私风险。这是因为，依据传统搜查方式，政府不会发现个人的一切事情。传统调查引起的隐私侵犯与大规模信息数据库查询对隐私的破坏相比简直相形见绌。无辜的人们非常不幸，即使出于可能原因就会使有关他们生活的所有信息即刻落入政府官员手中。所有生活的细节都会暴露无遗。

此外，或许也更重要的是，存在潜在的权力滥用风险。无论某一规则在理论上多么合理，总会有无法完全付诸实践的风险。因为访问数据的分析家可能基于私人恩怨或是胁迫政敌需要等可能原因而对无辜的个人展开查询。尽管依据第 215 条款所设置的防护措施试图阻止此类权力滥用，但任何系统都不完美。即使在所有防护措施下，仍存在严重的不合规问题。当然，隐私破坏也可能因局外人设法入侵数据库而发生，由此获取、使用甚至公开披露特定个人的大量信息，甚至更恐怖的是使整个系统对所有人透明化。

然而，依据过往经验，我们根本无法降低以下风险，即在将来的某个时间，高级政府官员可能决定这一庞大的涉及大量敏感私人信息的数据库对外开放。美国人不应完全“信任”政府官员。正如丘奇委员会在 35 年前所指出的，当政府收集有关美国人私人信息的大规模数据的能力还处于初级阶段时，“大规模信息集中就引发出于不正当目的而滥用信息的诱惑，从而危及《第一修正案》权利的行使，更不利于公民隐私保护”[113]。

最后，可能有人辩称，尽管存在这些担忧，但是大规模个人信息收集能够使政府更容易保护国家免受恐怖主义威胁，因此应被允许。我们非常重视这一观点。但即使其前提是真的，却不必然得出上述结论。对政府监控所作的限制会使政府更难阻止其他不好的事情。正如风险管理原则所指出的，问题不在于是否授权政府使我们更加安全，而在于牺牲个人隐私、个人自由和公众信任来换取额外安全是否值得。

虽然如果政府做好准备访问包含生活细节的信息数据库，我们就可能相对安全，但此类项目对生活质量和个人自由的影响却是更为严重。依据政府适用的替代措施就更是如此。具体来说，即使政府无法收集和存储大量有关我们生活的个人信息以供将来使用，仍然可以依据第 215 条款通过银行、电话公司、信用卡公司等途径自由获取与特定个人或特定恐怖主义威胁相关的信息——只要向外国情报监视法庭提出合理理由来访问此类信息即可。

3．元数据有何不同

建议 5

我们建议立法以终止政府依据第 215 条款所进行的大规模电话元数据存储项目，并尽快合理地将其转至私人通讯服务商或第三方机构掌握的系统。只有满足建议 1 所设置的要求并由外国情报监视法庭发布依据第 215 条款的行政命令，以上数据的访问才被允许。

外国情报监视法庭解释称，依据第 215 条款，国家安全局被授权收集大规模电话元数据并存储所有在美国境内的，从美国拨出或打进美国的电话通话记录，而如果有合理清晰的怀疑表明某个特定的电话号码，或者“种子”号码，通常是由境外人士操作，并且与外国恐怖组织相关，那么就允许对其进行查询。第 215 条款仅授权对电话元数据进行收集和保存，而这一限制就使此项目可行吗？

我们并不这样认为。第 215 条款的假定情况和实际情况之间存在两个差异。首先，在假定情况下收集和存储的数据总量远远大于实际情况下的数据总量。这意味着收集可能造成的危害和可能带来的利益都有所减少。在其他条件不变的情况下，这意味着成本和收益之间的平衡关系并未发生改变。[114]

其次，更为重要的是，常常有人辩称大规模电话元数据的收集并不会严重威胁个人隐私，因为它只涉及业务信息而非通信内容。事实上，这是维护现有项目的一个核心论断。假如政府收集每一通在美国境内的，从美国拨出或打进美国的电话内容比只收集电话信息或元数据所造成的隐私侵犯要更严重，这似乎是合理的。但大规模电话元数据收集项目的批评者注意到，数年内某个人拨出或接收电话的记录能够揭示大量的私人生活信息。

我们无意夸大任何问题或风险。在审查中，我们没有发现任何官员试图压制异议或在缺乏法律依据的情况下有任何侵犯人们私人生活的意图。国家安全局所关注的是保护国家安全，而非不相关的个人生活细节。但正如索托马约尔法官在卫星定位系统对琼斯的定位信息进行的监控中所发现的，电话通话数据可以反映大量个人有关“家庭、政治、职业、宗教和社交”的细节信息。[115] 它可能涉及与“精神病学家、整形外科医生、堕胎诊所、艾滋病治疗中心、脱衣舞俱乐部、刑事辩护律师、汽车旅馆钟点房、工会会议、清真寺、犹太教堂或教堂以及同性恋酒吧”等的通话记录。[116]

得知政府已经做好准备访问个人通话记录会严重破坏“结社和言论自由”，而得知政府轻易即可获取这些信息则会“深刻改变公民与政府之间的关系，而这对社会来讲是有害的”[117]。这种认识会极大地削弱公众信任，而在一个自由、开放的社会，这种信任是极其重要的。

此外，重要的一点是，即使没有大规模电话元数据收集和存储项目，政府也会找到实现其合法目的的替代方式，同时极大地限制侵犯隐私和政府滥用权力的风险。第 215 条款颁布之初的最初设想是，政府得到外国情报监视法庭的许可命令后，就可直接在相关服务提供者处查询信息。尽管这一过程对政府来说可能相对低效，但国家安全局局长基思 · 亚历山大告知审查小组，国家安全局已经在认真考虑转向由私营部门掌握数据的模式。这种转变将极大减少由国家安全局获取的电话元数据的数量，也将在实际情况和意识中大幅（在我们看来）降低政府权力滥用的风险。

我们认识到，同一时间快速查询多个私有数据库可能会存在问题。然而，在我们看来，这些问题很可能会通过创造性的工程学方法得以显著减少。此外，我们还认识到可能会存在时间长短问题，一些运营商通常会保留此类元数据，并且以我们建议的方式在电话服务供应商处存储还会产生财务成本问题。但我们认为，供应商和政府应该会同意自愿建立一个满足双方需求的系统。如果自愿方式不成功，则就需要转为立法方式。[118]

如果依靠政府查询个人服务提供商被证明是徒劳的，严重破坏项目的有效性，并且如果项目对提高我们保护美国及其盟友国家安全的能力具有重大价值的话，则政府可能会授权一个特别指定的私人组织来收集和存储大规模电话元数据。然后国家安全局就可以以在服务提供商处同样的查询方式，在这一独立的实体中查询元数据。同时，只有获得国会明确授权，上述方式方可执行。

根据这些可供选择的方案，我们得出以下结论：允许政府自己收集和存储大规模电话元数据并没有足够的正当理由。[119] 因此，我们建议这一项目应在合理可行的情况下尽快终止。

建议 6

我们建议政府授权进行法律和政策方面的研究，以评估元数据与其他类型信息的不同。研究小组应由技术专家和具有多元视角的人员组成，包括情报活动专家、执法机构人员以及隐私和公民自由方面的专家等。

在什么情况下政府应该被允许收集和保留元数据而非其他信息？这一个问题就涉及元数据的含义。在电话领域，“元数据”是指有关电话号码、路由信息、通话持续时间、通话时间等诸如此类的技术信息，但并不包括有关通话内容的信息。在电子邮件领域，“元数据”是指电子邮件“发送”和“接收”的线路以及电子邮件的技术细节，而非其主题或内容。这一观点所持的假设就是，元数据与其他信息最大的不同就在于，收集元数据不会严重侵犯个人隐私。

然而，正如我们所见，这一假设是有问题的。在技术越复杂的世界，人们越不清楚“元数据”与其他信息之间的区别是否会带来很大不同。[120] 元数据的数量和种类都在不断增加。相较于 1979 年史密斯诉马里兰案中的电话记录 [121]，如今移动电话会制造有关人们位置的元数据。社交网络不断更新有关人与人之间交流的信息，此网络而非交流内容被认为是元数据。电子邮件、短信、IP 电话语音以及其他形式的电子通信成倍增长。网络通信至 IPv6 协议的转变也正在顺利进行。完成后，除基本内容之外，网络通信还将包括大约 200 数据字段。虽然法律体系正缓慢适应元数据的这些重大变化，但实际上，元数据与其他信息的区别本身很可能就不应当纳入考虑。

有关如何管理内容和元数据值得进一步研究。鉴于技术变化所处的核心地位，此项研究应当利用技术专家的见解。经济学家和其他社会科学家应当帮助评估替代方案的成本和收益。研究小组应由具有多元视角的人员组成，包括情报活动专家、执法机构人员以及隐私和公民自由方面的专家等。

4. 保密和透明度

建议 7

出于保护涉密信息的需要，我们建议立法，以规定最大程度向国会和美国人民定期披露以下详细信息，包括国家安全信函、第 215 条款有关的工作记录、第 702 条款、笔式记录器、诱捕和追踪设备以及第 215 条款的大规模电话元数据项目等。非密许可和项目运作应该保持高度透明，以使美国人民及其民选代表独立对项目特点进行评估。

建议 8

我们建议：

（1）应制定法律，以规定在使用国家安全信函、第 215 条款行政命令、笔式记录器以及诱捕和追踪命令、第 702 条款行政命令以及类似要求个人、企业或其他机构向政府提交信息的命令时，仅在以下情况下，即司法认定有合理理由相信该行政命令一经披露将极大威胁国家安全、干扰正在进行的调查、危及人的生命或人身安全、破坏外交关系或者危及其他同等重要的政府或外国情报利益等，才能发布保密令；

（2）未经司法程序重新审核的保密令，其有效期最长不得超过180天；

（3）保密令不应阻止接收者因质疑其合法性而寻求法律顾问。

建议9

我们建议制定法律，以规定即使保密令确有必要，有关国家安全信函、第215条款行政命令、笔式记录器以及诱捕和追踪命令、第702条款行政命令、非密项目中所发布的类似行政命令的接收者也可以定期公开以下信息，包括所接收行政命令的数量、遵照执行行政命令的数量、信息的大致类别以及每一类别信息涉及用户的数量等，政府明确表示类似披露会危及国家安全的情况除外。

建议10

依据现行法律，我们建议政府定期公开披露以下信息，包括国家安全信函、第215条款行政命令、笔式记录器以及诱捕和追踪命令、第702条款行政命令、非密项目中所发布的类似行政命令等，政府明确表示类似披露会危及国家安全的情况除外。

建议11

我们建议，依据第215条款所进行的大规模电话元数据项目对美国人民保密，则须经政府高层慎重决策，并且充分考虑和尊重作为民主治理核心的透明性的问题。如此量级的项目，只有在以下两种情况下才能对美国人民保密：

（1）项目有助于维护极其重要的政府利益；

（2）如果敌方得知该项目，则项目效果将大打折扣。

一个自由的人只有能获取所需的信息以对公共政策作出明智的判

断，才算是实现自治。政府不必要地保护其政策和决策免受公众监督，就会因此破坏自由自治社会最核心的前提。正如詹姆斯·麦迪逊(James Madison）所说，“在人民不掌握信息或是无法获得信息的情形下，所谓人民的政府，只不过是一场闹剧或悲剧的序幕；又或者两者并存”[122]。

毫无疑问，在国家安全领域，国家需要保密。然而问题就在于，什么信息必须保密。政府官员希望保密的原因多种多样，从真正令人信服的到明显不合法的，不一而足。有时是因为他们害怕披露某些信息可能会严重破坏国家安全，有时是因为他们不想处理公众对其决策的批评或是他们不希望公众、国会或法院推翻其自认明智的决策，有时则是因为信息一旦披露会暴露他们失职、不合规或不当的行为。以上其中一些理由显然比其他的更值得尊重。

考虑到其复杂性，每一特定信息的披露对公众知情权的贡献都可能相差很大，这主要取决于信息的性质。一些涉密信息的披露可能对公开辩论(例如揭露不明智甚或非法的政府项目）非常有价值。然而，其他涉密信息的披露也可能很少或根本没有合法的价值(例如公布美国秘密特工的身份)。而最棘手的问题就在于，公开披露涉密信息不利于国家安全，却对政府自治颇具价值。

如今，迫切需要对保密和透明度之间的平衡作一次谨慎全面的再审查。在考虑这一问题时，公共利益解密委员会(Public Interest Declassification Board，PIDB）最近表示：“民主社会建立在全体国民知情参与的基础之上，并且他们的知情参与需要能够获取政府信息。官方决策记录公开对教育和告知公众从而使其评估民选领导人的政策是至关重要的。如果官员为自己的行为和决策负责，那么保密必须在满足国家安全考虑的前提下维持在最低标准。更好地获取政府记录和内部历史将有助于政策制定者和美国公众相互履行责任，从而在与民主价值观保持一致的情况下解决国家安全问题和外交政策的挑战。”公共利益解密委员会进而得出结论，美国有必要对当前定密、解密的原则和实践进行改革。[123]

保密与透明度问题的另一方面涉及内部举报人的角色。虽然政府雇员或承包商个人不应仅仅因为披露信息对国家更好就全凭自己决定“泄露”涉密信息，但这也正说明自由民主的国家恰恰需要建立安全、可靠和公正的流程，以使他们向相对尽责和独立自主的官员表达自身担忧。毕竟，他们的担忧可能是合理的。政府阻止应当披露的信息公开对国家来讲没什么好处。尽管这样的机制存在，但它们确实有待增强，门槛也应更低。[124] 附录 D 即阐述了现存的内部举报机制。

此外，保密与透明度问题也严重影响新闻自由。自由媒体有责任揭露民选官员的权力滥用、过度干预、不作为、不正当影响、腐败和判断失误等情况。媒体所持的坚定、无所畏惧的自由态度对社会自治是不可或缺的。媒体不会被政府官员所恐吓或者威胁，否则，“我们人民”就将受到伤害。自由媒体的一部分责任，就是查明和公开那些政府官员毫无根据地希望保密的信息。这就引出有关媒体保护法律的基本问题，比如监视媒体人士和新闻来源，调查以及试图恐吓媒体成员等。

同时，泄密的潜在危险比以往任何时候都更加严重，特别是如今信息可以立即在全球范围内进行传播。事实上，涉密信息可以通过内部或外部人士被大量盗走，从而导致了前所未有的危险。简而言之，双方——国家安全与有效自治——的赌注都非常高。

最起码，我们应时刻做好准备质疑“保密是必要的”这一论断。因为这个结论需要被证实，而非仅仅提出假设。当有可能在提高透明度的同时而无须明显牺牲重要的利益时，我们应宁可失之透明度。

因此，在执行国家安全信函、第 215 条款行政命令、笔式记录器以及诱捕和追踪命令、第 702 条款行政命令以及非密项目中所发布的类似行政命令时，政府应尽最大可能公开报告申请总数和被请求查询其有关记录的人数。这些总数可向国会和公众展示项目的整体规模和趋势，尤其是在项目规模有重大变化时能够提供更多信息。此外，供应商有强烈的意愿提供关于他们回复请求数量的周期性透明度报告。供应商提供的报告可谓政府报告的有效补充——多个信息来源可以降低单一信源所带来的不准确风险。此外，供应商报告也可使客户和公众确信他们在谨慎管理用户的记录。在第七章将会谈到，供应商提供透明度报告应该得到世界各地政府的允许和鼓励，而且美国政府应与其盟友合作，以便获得有关其他国家政府请求的准确报告。

在某些情况下，过度报告也可能成为一个问题。当存在重复报告时，就可能使政府机构负担冗余的需求。为解决这一问题，政府应当列出目前所有外国情报监视法庭、国家安全信函和其他情报相关统计数据报告的目录，并对报告频率以及报告对象作出记录。如附录C所示，向国会呈交报告存在多重监管机制，行政部门内部同样如此。而列出报告目录将为进一步对其进行改善提供良好基础。此外，在某些情况下，公开报告可能在无意中泄露关键信息从而危及国家安全。例如，由小型互联网服务提供商所作的有关政府查询信息的详细报告可能会在无意中泄露给恐怖分子或其他被监视的人士。为降低这种风险，当对少数事件的描述可能向被监视的人泄露关键信息时，则报告应当尽量避免过于详细的描述。[125]

第四章　针对非美国公民的外国情报监视政策改革

一、简介

美国政府应在多大程度上给予非美国公民与美国公民同样的隐私保护呢？在某种程度上，说出“所有人都是平等的”很容易，每个国家都应赋予所有人与本国公民同样的权利、特权和豁免权。然而，没有一个国家执行这样的政策。因为每个国家都将自己视为对其成员有着特定义务的社区。另一方面，有些基本权利和自由是所有国家应当赋予所有人的，如对酷刑的国际禁令。

在本章中，我们将讨论外国情报监控背景下的非美国公民的问题。国际法认为隐私权是一项基本权利[126]，但是其具体含义必须明确。当然，一个国家也可以选择赋予本国公民比国际法律要求的更大程度的隐私。

我们尤为关注依据《外国情报监视法案》第 702 条款和第 12333 号行政命令所进行的外国情报收集。我们要解决的核心问题就是：在外国情报监控领域，什么是美国应当给予非美国公民的最低程度的隐私保护？由此我们得出结论，美国理应给予非美国公民比我们今天所提供的更大程度的隐私保护。

二、外国情报监控与第 702 条款

总的来说，联邦政府禁止拦截任何私人通话和电子邮件的内容，以下三种情况除外。第一，在刑事调查中，如果联邦法官确认某人正在实施犯罪、已经犯罪或者即将犯罪，那么《电子通信隐私法案》（Electronic Communications Privacy Act）第三部分就可以授权政府拦截此类通信，而通信中涉及犯罪的内容就将是拦截成果。[127]

第二，1978 年颁布的《外国情报监视法案》授权联邦政府在以下情况下对电子通信进行拦截，即外国情报监视法庭法官确认监控的目的是获取外国情报信息，同时拦截发生在美国境内并且有合理的理由相信监控目标是外国势力的间谍(包括从事国际恐怖主义活动、国际大规模杀伤性武器扩散和秘密情报活动等的个人)。

第三，外国情报监控发生在美国境外时。当《外国情报监视法案》颁布时，国会明确决定不处理对境外人士包括美国公民所进行的电子监控问题，并指出“国外监控的标准和程序可能应与该法案所提及的在美国境内的电子监控有所不同”[128]。我们显然可以认为，美国境外的情报收集活动将在行政部门内在的宪法权威和由国会对情报机构的法定授权下进行，并且由总统行政命令和经司法部部长批准的程序管理。为此，1981 年罗纳德 · 里根(Ronald Reagan）总统发布第 12333 号行政命令(前面有所提及)，其中明确指出在特定情况下，国家情报机构可以在美国境外进行外国情报监控。[129]

尽管国会未在“9 · 11”恐怖袭击之后立即解决这一问题，一些形势进展还是使其更加突出。首先，1978 年至 21 世纪初期间的科技进步使原本《外国情报监视法案》设定规则的实施更加复杂。《外国情报监视法案》所提出的在美国境内和境外进行电子监控的区别在 1978 年相当行之有效，因为当时的沟通和收集方式决定这些区别是有意义的。但随着全球互联网通信网络的发展，尤其是美国内部的关键变化，这些区别逐

渐削弱。

到21世纪初，世界上大部分电子通信都需要通过美国，而对美国境外人士所进行的外国情报收集就越来越多地在美国境内服务供应商的协助下进行。除非对法律进行修订，否则这种新状态意味着政府不得不在获得外国情报监视法庭行政命令授权的情况下，才能以获取外国情报为目的，对实际上位于美国境外的个人进行电子监控，而国会在1978年颁布《外国情报监视法案》时并没有预先考虑到这一情况。

其次，2005年年底曝出，乔治 · W · 布什(George W. Bush) 总统曾于“9 · 11” 恐怖袭击后不久在未遵守《外国情报监视法案》的情况下，秘密授权国家安全局对在美国境内的个人进行外国情报监控。具体来说，总统授权国家安全局对美国境内和境外人员进行电子通信(如通话和电子邮件) 监控，只要国家安全局“有合理的证据表明通信一方与‘基地’ 组织有联系或为‘基地’ 组织服务即可”。

因为这一秘密计划既不需要政府从外国情报监视法庭处获得授权，也无须证明其有合理理由怀疑监控目标正是外国势力的间谍——即使目标在美国境内——这显然超出了国会依据《外国情报监视法案》授权的范围。但小布什政府援引国会《2001年国防授权法案》(2001 Authorization to Use Military Force) 并利用总统作为总司令固有的宪法权威，坚持认为这一项目是合法的。

据此，国会决定重新审视《外国情报监视法案》。2007年，国会对其进行修订并通过《保护美国法案》(Protect America Act，PAA)，规定《外国情报监视法案》不适用任何“针对被合理认定位于美国境外的个人” 的电子监控。[130] 实际上，如果监控目标位于美国境外，《保护美国法案》则不再对缺乏《外国情报监视法案》授权所进行的国际通信监控提供保护，即使监控目标是美国公民也不例外。由此《保护美国法案》被尖锐地批评授予政府过多针对美国公民国际通信进行监控的权力。

第二年，国会通过2008年《外国情报监视法修正案》(FISA

Amendments Act of 2008，FAA）再次进行修订。《外国情报监视法修正案》对国际通信采取不同的原则，其区分标准就在于监控目标是“美国人”（包括美国公民和美国境内的合法永久居民）[131] 还是“非美国人”。[132]《外国情报监视法修正案》还规定，如果政府的监控目标是美国境外的美国人，那么必须满足《外国情报监视法案》的一贯要求。也就是说，允许监控的前提是，监控目的是获取外国情报信息，并已获得外国情报监视法庭授权，且有合理理由确认该美国人符合《外国情报监视法案》所定义的外国势力的间谍。因此，如果监控目标是美国人，不管在美国境内还是境外，就适用相同的《外国情报监视法案》的规定程序。

另一方面，《外国情报监视法修正案》在第 702 条款中提出，如果外国情报监控的目标是能“合理认定位于美国境外的非美国人”，则政府无须有合理理由确信其是外国势力的间谍，也无须从外国情报监视法庭处获得授权，即使拦截就在美国境内也不例外。相反，第 702 条款授权外国情报监视法庭批准由司法部部长和国家情报总监提交的年度审查报告，以识别依据外国情报监视法庭批准的目标选定和最小化程序收集通信内容的外国情报监控目标的特定类别。审查报告指出，监控目标类别通常包括国际恐怖分子、参与大规模杀伤性武器扩散的个人等。

根据第 702 条款，监控目标的决策由国家安全局依据外国情报监视法庭批准的审查报告作出，而无须额外通过外国情报监视法庭批准。在实施这一权力时，国家安全局识别特定的“标识符”（例如电子邮件地址或电话号码），它们被合理认定由美国境外的非美国人使用，且主要用于批准类别内的外国情报信息通信(如国际恐怖主义、核扩散、恶意网络活动等)。然后国家安全局就可以获取由美国境内的服务供应商使用这些标识符所进行的通话、电子邮件、短信、照片和其他互联网业务的内容。[133]

用作说明的标识符可能是由国外可疑恐怖分子使用的电子邮件账户，或是两个独立国家高层恐怖分子头目传递信息的其他方式。随着时间的推移，国家安全局依据第 702 条款收集信息时所使用的标识符的数量也在不断增加。

第 702 条款要求国家安全局的审查报告证实任一信息获取的"重要目的"都是外国情报信息(如国际恐怖主义、核扩散或恶意网络活动等)，它并非故意针对某一美国人，也并非故意针对某一在美国境内的人，更非以获取某一在美国境内的人的信息而针对另一在美国境外的人，而且它是符合《第四修正案》要求的。[134] 提交至外国情报监视法庭的年度审查报告必须证实司法部部长和国家情报总监依据第 702 条款采取指导方针以确保遵守上述以及其他要求，包括政府并非有意利用第 702 条款赋予的权力针对美国境内或境外的美国人。[135] 外国情报监视法庭须每年对目标选定和最小化程序进行审查，以确保满足所有法令和宪法规定的要求。

其他对第 702 条款使用所作的重要限制包括：

- 如果依据第 702 条款意外获取的通信信息属于或者有关某一美国人，则第 702 条款的最小化程序要求所有关于这一美国人的信息都必须消除，除非有令人信服的理由加以保留，例如，信息揭露某一通信安全漏洞或者某一会对生命或财产造成严重伤害的迫在眉睫的威胁；
- 如果目标被合理认定是位于美国境外的非美国人，或者并没有进入美国，或者被发现是一个美国人，则信息获取必须立即终止；
- 在非美国人目标进入美国后所收集的信息必须立即清除，除非其构成犯罪证据，或者具有重大外国情报价值；
- 所有对之前被认定非美国人而实际上是美国人目标所收集的信息必须立即清除，除非其构成犯罪证据，或者具有重大外国情报价值；
- 所有依据第 702 条款所收集的有关某一美国人的信息严令禁止传播，除非有助于了解外国情报或评估其重要性，其构成犯罪证据，或者预示某一造成死亡或严重身体伤害的迫在眉睫的威胁。

第 702 条款还通过许多报告要求对政府施加影响，以使司法监督和国会监督成为可能，除了由司法部在行政部门内部进行监督外，国家情报总监办公室(Office of the Director of National Intelligence，ODNI）和情报部门各机构的监察长还需遵循下述要求。

• 大约每隔 15 天，司法部国家安全处和国家情报总监办公室的律师组成的团队负责审查国家安全局在收集信息过程中有关新的标识符的所有文件。团队需对每一标识符作出以下判断：(1) 目标被合理认定为位于美国境外的非美国人吗？ (2) 目标的类别是否属于由司法部部长和国家情报总监依据第 702 条款收集信息所确认的范围？

• 第 702 条款要求司法部部长和国家情报总监每半年即向国会监督委员会和外国情报监视法庭提交有关本条款实施情况的评估报告；

• 所有依据第 702 条款收集信息的情报机构的监察长，必须就本条款实施情况进行定期审查，并将审查报告的副本提交给司法部部长、国家情报总监和国会监督委员会；

• 所有依据第 702 条款收集信息的情报机构的负责人，必须就本条款实施情况每年进行审查，并将审查报告的副本提交给外国情报监视法庭、司法部部长、国家情报总监和国会监督委员会；

• 司法部部长必须每半年就第 702 条款实施情况向国会情报和司法委员会提交报告；

• 司法部部长必须每半年向国会情报和司法委员会提交报告，内容包括所有由外国情报监视法庭作出的重要法律决策的概况，所有决策、命令或者外国情报监视法庭针对《外国情报监视法案》重大条款(含第 702 条款）解释的意见的副本；

• 外国情报监视法庭要求情报机构有任何合规问题都必须立即向法庭报告，政府则应每季度向外国情报监视法庭报告合规问题的处理情况；

•监察长应每年向国会提交评估报告，内容包括合规问题、美国人的相关信息被传播的数量以及被发现位于美国境内的目标数量。

2012年，参议院情报委员会(Senate Select Committee on Intelligence) 主席黛安娜·范斯坦(Dianne Feinstein) 参议员在报告中指出，对提交给委员会的所有评估、报告和其他信息所作的审查表明，“政府以负责任的态度实施第702条款，且不合规事件相对较少。而不合规事件一般是由人为疏忽或技术缺陷所导致，并且都进行了及时报告和补救”。的确，自第702条款颁布以来，委员会“还未发现一起政府官员故意规避或违反法律的案例”[136]。

尽管在第702条款下合规问题已属罕见，但出现时仍然非常棘手。一种情况是，外国情报监视法庭坚称收集过程中鉴于有关收集方式的技术问题的出现，适用于国家安全局上游收集(upstream collection)[137]电子通信的最小化程序不符合《外国情报监视法案》或《第四修正案》的相关要求。这是因为国家安全局所进行的上游收集通常涉及意外获取的多方通信记录[138]（Multi-Communication Transactions，MCT)，其中许多不应列入第702条款的参数范围。外国情报监视法庭约翰·贝茨(John Bates) 法官指出，“政府披露的关于国家安全局上游收集的范围涉及《美国法典》第50卷1809节a条规定的事项，这就触犯了‘(1）除经授权外，假借法律权威从事电子监控’的法令”[139]。

法官贝茨指出，“国家安全局依照第702条款每年可获取超过2.5亿条互联网通信信息”，而其中绝大多数“在这里都毫无争议”[140]。但是，他补充说，上游收集表示“互联网通信信息总量的约9%被国家安全局依据第702条款获取”，这些信息无意中囊括“成千上万的国内通信信息”，因为它们恰巧处于含有目标选择器的多方通信记录中。[141]

在这种情况下，法官贝茨指出，“国家安全局所采取的技术措施并不能阻止其获取包含整个国内通信的记录。不能简单地将记录的获取归于意外”[142]。由此贝茨认为，“国家安全局适用于多方通信记录的最小化程序”，不符合《外国情报监视法案》或《第四修正案》的相关要求。他因此拒绝批准国家安全局继续获取多方通信记录。[143]之后，政府大幅修改处理多方通信记录的程序，并且2011年11月贝茨法官批准未来此类通信信息获取适用新的最小化标准。[144]此外，国家安全局进一步删除了所有之前获取的上游通信信息。

据国家安全局所说，第702条款是“国家安全局收集信息用以侦查、识别和破坏在美国及世界各地的恐怖威胁的最重要的工具”。仅举一例为证，依据第702条款收集的信息是发现和破坏2009年针对纽约地铁系统的炸弹袭击计划的关键，直接导致纳吉布拉·扎齐(Najibullah Zazi）与其同谋者被逮捕和定罪。[145]

2012年，司法部和国家情报总监办公室向国会作出以下报告：

> 第702条款使政府有效收集有关国外目标的信息，同时保护美国人的个人隐私和公民自由。通过严格的监督，政府得以评估是否有必要修改程序或指导原则，以及保护个人信息隐私权需采取的其他措施。此外，司法部向外国情报监视法庭提供联合评估和其他报告。外国情报监视法庭一直积极参与对依据第702条款进行的信息收集的审查。以上机制共同作用，确保对依据第702条款活动进行全面持续的监督。
>
> 第702条款对维护国家安全至关重要。它提供了有关恐怖分子计划和身份的信息，使我们得以窥见恐怖组织内部，并获取有关其如何运作及得到支持的信息。此外，我们还可以收集其他有关威胁美国的武装力量及外国敌对势力的意图和能力的信息。[146]

2012年，当再次授权第702条款五年有效期时，参议院情报委员会总结道：

第 702 条款赋予的权力大大提高了政府收集信息的能力，并能对重要的外国情报目标作出迅速行动。委员会还发现，第 702 条款在实施过程中一直注重保护个人隐私和公民自由，并接受行政部门、外国情报监视法庭以及国会的广泛监督。若未能批准对第 702 条款再次授权，将导致“失去许多重要情报并阻碍情报部门迅速对新的威胁和情报作出反应”[147]。

但我们在审查中发现与上述评估并不相符。在分析过程中，国家安全局向审查小组提供了自 2007 年以来所进行的 54 次反恐调查的细节，这些曾帮助许多国家和美国预防恐怖袭击。以上情况除一次外，依据第 702 条款获取的信息均在某种程度上推动了调查的成功。虽然很难精确估算如果没有依据第 702 条款获取的信息，将会在多大程度影响调查结果，但我们仍然相信第 702 条款实际上在国家于全球范围内预防恐怖袭击中发挥着重要作用。

* * *

虽然第 702 条款显然已经在帮助美国在国内和世界各地(因此有助于保护我们的盟友）发现和防止恐怖袭击中发挥了重要作用，但问题就在于是否为达成这一目标而不必要地牺牲个人隐私以及破坏外交关系。鉴于第 702 条款对美国人与非美国人的不同影响，这一问题有必要区分人群分别调查。

三、依据第 702 条款通信被拦截的美国人的隐私保护

建议 12

我们建议，如果政府依据第 702 条款合法拦截通信，或者在任何其他许可下拦截针对美国境外非美国公民的地面通信，又或者通信有美国

公民参与或披露了美国公民的相关信息，则：

(1) 涉及美国公民的任何信息都应于检查前清除，除非其具有外国情报价值或有助于防止对他人造成严重伤害；

(2) 涉及美国公民的任何信息都不得在针对其进行的起诉中作为证据使用；

(3) 政府在确认特定美国人的通信时，不得随意查阅依据第 702 条款或上述建议中的其他许可所获取的通信内容，除非：(a) 有关信息对抵御死亡或严重身体伤害的威胁确有必要；(b) 政府基于可能的原因确信该美国人正在计划或已在从事国际恐怖主义活动。

美国人在境外时，第 702 条款可以保护其免受外国情报监控，这与其在境内时《外国情报监视法案》所提供的保护一样。也就是说，除非外国情报监视法庭基于合理原因确信某一美国人是外国势力的间谍(如《外国情报监视法案》定义的那样)，否则他不可能成为合法的外国情报监控目标。

由于存在通信被意外拦截的风险，第 702 条款对美国人的通信隐私存在令人不安的潜在影响。如果无法满足《外国情报监视法案》和《第四修正案》中对“可能原因”的要求，政府就不能合法地针对某一美国人的通信进行监控，不管他位于美国境内还是境外。但在确定某一特定拦截目标是否美国境外的非美国人时，第 702 条款只要求政府合理确信目标是这样一个人就可以了。美国人在合理确信标准下显然比在可能原因标准下更有可能使受宪法保护的通信信息意外拦截，合理确信标准给美国人提供的保护通常不够。

被意外拦截的风险加剧了这一问题。政府依据第 702 条款获取某合法监控目标的个人通信信息，而当自身并非合法监控目标的美国人与该目标联络时，意外拦截发生了。每当政府对目标进行电子监控，意外获取事件就有可能发生。

例如，政府基于可能原因窃听某一涉嫌贩毒的人的电话，则可能在窃听期间顺便拦截某一无辜人士与该嫌犯之间偶然的对话。在此情况下，刑事执法的标准做法是政府清除所有有关该无辜人士的记录，除非有证据显示该无辜人士涉嫌犯罪或者能提供该嫌犯犯罪或清白的相关信息。[148]

在采用类似方式时，如果在依据第 702 条款进行监控时发生了意外信息获取，则现行的最小化程序要求所有拦截的与美国人相关的通信信息，以及所有依据第 702 条款获取的与美国人相关的信息，都必须清楚，除非其具有外国情报价值，预示某一造成死亡或严重身体伤害的迫在眉睫的威胁，或者构成犯罪证据。[149]

在我们看来，当通信信息依据第 702 条款被意外获取时，这一方式并不能充分保护美国人的合法隐私权益。这是出于以下三方面的原因。第一，当一个美国人(无论在美国境内还是境外）与位于美国境外的合法监控目标(非美国人）进行通信时，则他的通信相比以下两种情况存在极大的风险被依据第 702 号条款获取：(a) 如果他们进行通信时，彼此都位于美国境内；(b) 如果《外国情报监视法案》以同样的方式对待位于美国境外的非美国人与位于美国境外的美国人。因此，当位于芝加哥的美国人给在国外的朋友发送电子邮件时，则电子邮件依据第 702 条款被获取的可能性，将会比他给在巴黎的美国人或在纽约的外国人发送电子邮件的可能性要大得多。这是因为就第 702 条款所设置的监控目标标准而言，国外的外国人相比巴黎的美国人或纽约的外国人监控标准要低得多。出于这一原因，意外拦截在第 702 条款下比其他情况更容易发生。

第二，合法获取的非监控目标的信息，包括电子邮件地址、网络通信或电话号码等，通常很难确定是否属于某一美国人，因为仅靠表面信息很难作出判断。在此情况下，就存在显在的风险，即涉及美国人的通信信息不会被清除，反而被保存在政府数据库中。

第三，信息是否具有“外国情报价值”这一概念具有一定程度的模糊性，就很容易导致私人信息被保存，即使依据第 702 条款合法监控过程意外拦截的美国人的通信信息也不例外。

基于以上原因，存在的一个风险就是，政府依据第 702 条款合法监控过程中意外拦截的有关或涉及美国人的通信信息，以后就能以侵犯美国人的合法隐私权益的方式在通信数据库中被搜索到。因为第 702 条款的基本理念是，美国人有权充分保护自身隐私，即使其与在美国境外的非美国人通信也不例外。政府不应仅仅因为对位于美国境外的非美国人进行合法监控，就以此标准非法监控参与通信的美国人，从而使其失去获得保护的权利。在此情况下，美国人的隐私权益应被给予真正保护，尤其是第 702 条款并非有计划或有意获取美国人的通信信息。

由此我们建议，给予政府使用第 702 条款的自由，以获取他们有计划或有意收集的信息——即作为调查的合法监控目标的非美国人的信息——同时(a) 更充分地保护并非拦截目标的美国人的隐私；(b) 尽力避免政府以规避《外国情报监视法案》和《第四修正案》价值观的方式，为收集证据对付美国人而不得不使用第 702 条款。[150]

四、非美国人的隐私保护

建议 13

我们建议，在依据第 702 条款或其他许可对在美国境外的非美国公民进行监控时，除现有防护措施和监督机制，美国政府还须重申以下要求：

(1) 必须得到相应法律或行政命令的授权；

(2) 必须专门针对保护美国及其盟友的国家安全；

(3) 不得出于非法或不正当目的，如窃取商业机密或为国内企业牟取商业利益；

(4) 不得传播与保护美国及其盟友的国家安全无关的、非美国公民的有关信息。

此外，美国政府还须明确此类监控满足以下要求：

(1) 不得仅凭其政治观点或宗教信仰就将美国境外的非美国公民作为监控目标；

(2) 必须经过仔细审查并保持高度透明，以符合美国及其盟友的国家安全。

由于第 702 条款专门指向非美国人而设置，这就引发一个问题，即它是否充分尊重他们的合法隐私权益。首先，值得注意的是，当非美国公民身处美国时，《第四修正案》可给予其充分保护。他们享有与美国公民一样免受不合理搜查和扣押的权利。此外，向社会承诺合法居留在美国的非公民也被认定为“美国人”，因此，在政府监控方面他们与美国公民一样享有同等权利——即使他们位于美国境外也不例外。以上这些都是对非美国公民的重要保护措施。

然而，位于美国境外的非美国人又是如何呢？我们首先需要强调的是，与一些表述相悖，第 702 条款并未授权国家安全局获取大量普通民众的通信内容。相反，第 702 条款授权国家安全局只有合理确信某一特定的“标识符”（例如，一个电子邮件地址或电话号码）被用来传递与国际恐怖主义、核扩散或恶意网络活动相关的外国情报信息时，才能拦截位于美国境外的非美国人的通信信息。国家安全局的决策必须接受联邦政府三大部门持续、不间断和相对独立的审查，以确保国家安全局所监控的标识符符合以上标准。

这里仍然存在问题，即当非美国人在自己家乡或美国境外时，第 702 条款是否充分尊重他们的合法隐私权益。如果第 702 条款旨在拦截美国人的通信信息，这就显然违反了《第四修正案》。[151] 而目前它指向位于美国境外的非美国人，这也违反《第四修正案》吗？最高法院对此明确给予否定。[152]

完全抛开《第四修正案》的话，美国应该如何对待位于美国境外的非美国人呢？为了解美国人和非美国人在法律定义上的区别，重要的一点是要认识到《外国情报监视法案》为成长于美国历史上一个不同寻常和令人不安的时代中的美国人所提供的特殊保护。在那一时代，美国政府不适当地，有时甚至是非法地把美国公民作为情报监控目标，以威胁破坏美国民主核心进程的方式，无处不在地、危险地操纵民主政治活动。正如我们所见，这一问题正是《外国情报监视法案》颁布的驱动力。

在那种背景下，《外国情报监视法案》对政府监控美国人作尤为严格的限制不仅反映了对个人隐私的尊重，而且也是，从根本上来讲对现有政治体制下政府权力滥用的深深的担忧。因此，对美国人的特别保护必须视为在美国政治体制下对民主责任制和有效自治的重要保障。鉴于历史原因和这些担忧，针对政府对直接参与本国自治体系的人所进行的监控，每个国家都有充分理由作出特别限制。

说句题外话，我们注意到美国所采取的这些保护措施有助于促进和保护全球民主责任制。鉴于美国在全球的影响力，任何对美国民主的威胁都可能在其他国家产生负面和深远的影响。通过在美国维持有效的相互制衡机制，《外国情报监视法案》对美国人所提供的特别保护由此也有助于支持国外的民主理念。

然而，回到主题，美国应当如何对待那些本身并非认同美国社会，或者也不身处美国境内的非美国人呢？一般说来，国家对本国公民和其他国家公民进行区别对待是可以理解的。但另一方面，又有合理的不可抗拒的原因需要对其他国家的公民维持尊严，同时保持尊重。就像罗斯福总统所指出的，美国应当是一个“好邻居”。有时这仅仅是一个国家自身利益的问题。如果美国希望其他国家善待我们的公民，那么我们就必须善待他们的公民。当然，除此之外，也还有其他原因。

如果我们过于积极地依据第 702 条款实施监控政策，且由于其保护国际用户隐私的能力越来越被质疑，则可能为美国企业带来严重的经济后果，从而使其丧失世界通信市场的份额。最近的一些披露在这些方面引发极大关注。

同样的，对非美国人不受限制地进行监控可能会疏远与其他国家的关系，破坏网络的统一，削弱信息跨国界的自由流动。这也是对其加以限制严重关切的一个问题。

然而，或许最为重要的就是对个人隐私保持最简单而基本的尊重——而不管人们居住在何处。隐私权一直以来就被公认为一项基本人权，所有国家都应该加以尊重。《世界人权宣言》（Universal Declaration of Human Rights）第十二条、《公民权利和政治权利国际公约》（International Covenant on Civil and Political Rights）第十七条都宣称“任何人的隐私不得加以任意或非法干涉”。尽管以上规定仅对“任意或非法干涉”的含义作了略微的指导，但其表达的意愿是显而易见的。美国应当成为捍卫所有国家保护基本人权，包括隐私权的领导者，而隐私权也正是人类尊严的核心要素。

此时，我们的国家安全所面临的最严重的威胁之一就是国际恐怖主义。面对这一持续严重的威胁，美国必须找到识别境外可能的恐怖分子的有效方式，他们一般跨越国界自由活动，并尽力掩饰自己的身份、意图和计划。在此情况下，在保护本国公民安全与尊重他国公民合法权益之间达成良好的平衡就显得尤为艰巨，而我们的建议就是有意实现这一平衡。

在我们的建议下，依据第 702 条款获取美国境外的美国人和非美国人的通信信息，其标准有以下三个主要差异。第一，美国人基于可能的原因被列为监控目标，而非美国人只要合理确信即可；第二，美国人只在外国情报监视法庭发布司法授权时可被列为监控目标，而非美国人无须授权，只要接受事后审查和监督即可；第三，适用于美国人通信的最小化要求不会完全扩展至美国境外的非美国人，但更重要的是，收集以上人士的信息不会被传播，除非其与美国及其盟友的国家安全相关。

依据我们所作的判断，这些差异是由美国政府对美国“人民”所承担的特殊责任造成的，同时也是履行国际义务，以确保“任何人的隐私都不会受到任意或非法干涉”。我们鼓励所有国家都遵守这些限制。[153]

建议 14

我们建议，基于缺乏具体且可信的先例，美国政府应当遵循国土安全部模式，并以相同方式将1974年《隐私法案》适用于美国公民和非美国公民。

1974年《隐私法案》[154]规定了由联邦机构负责的所谓记录系统的“隐私公平信息处理条例”，旨在保护个人隐私，其中包括一系列法律要求，以确保记录系统中个人验证信息(Personally Identifiable Information，PII)的准确性和安全。或许最重要的是，个人在必要的情况下有权访问这些记录并对其进行修正。

自颁布以来，该法案仅适用于美国人。2009年，国土安全部对2007年的“隐私政策指导备忘录”进行更新[155]。这一备忘录为记录的“混合系统”提供隐私保护，而该混合系统以可识别的形式收集或使用信息，其中包括美国人和非美国人的信息。[156]

如今，国土安全部的政策将《隐私法案》以同样的方式适用于美国人和非美国人。上述备忘录规定，“作为一项法律，《隐私法案》的适用范围不包括游客或外国人。而作为国土安全部的政策，与国土安全部的混合系统有所联系的所收集、使用、存储或传播的信息，都应被视为一个记录系统，属于《隐私法案》的管辖范围，而不管信息属于美国公民、合法永久居民、游客还是外国人”[157]。

该项政策的结果就是，国土安全部现在依照《隐私法案》提出的“公平信息处理条例”处理混合系统中非美国人的个人验证信息。非美国人有权利访问他们的个人验证信息并对记录进行修正，《隐私法案》的任何一项都未豁免。但由于法定限制，该政策并没有为非美国人扩展或者创建司法审查权。

《隐私法案》如今覆盖所有情报机构，同时有豁免权以保护合理定密及执法过程中敏感或调查性质的事项。例如，国家安全局曾发出 26 项有关记录系统的通知，就数据收集向公众包括寻求就业的申请者、与情报机构存在交易的承包商等提出建议，以便进行背景调查。

国家安全局同时依据 2002 年《电子政务法案》（E-Government Act of 2002）[158] 完成了对非国家安全系统的隐私影响评估(Privacy Impact Assessments，PIAs)，该系统主要用于收集、存储、使用或传播公众个人验证信息。中央情报局依据《隐私法案》对以下几项内容提供保护，包括直接向个人收集的信息、个人行使《宪法第一修正案》有关权利的记录以及该法案对未经个人书面同意的公开所作的一般禁止原则。联邦调查局在国家安全调查中也适用《隐私法案》，其方式与该法案适用于其他记录时并无二致。

除非相关机构提出具体且有说服力的理由，否则我们建议国土安全部的政策扩展至由情报机构和其他联邦机构负责的混合系统。国土安全部的政策数年来一直适用于有关记录的主要系统，包括乘客的姓名记录、移民记录等，而国土安全部的相关实践经验可用于指导情报机构和其他联邦机构对个人验证信息实施类似的隐私保护。

为国家安全系统和执法调查所需，该法案也存在适当的例外权力。欧洲和其他盟友历来都对先前《隐私法案》保护的缺失有所抱怨。基于国土安全部的经验来看，这一改革无疑是可行的。它一方面将确认其他国家公民的合法隐私权，另一方面将强化我们与盟友的关系。

建议 15

我们建议，国家安全局特设一项有限的法定应急权限，在反恐监视的已知目标首次进入美国境内后即对其展开追踪，直至外国情报监视法庭发布命令授权对其在美国境内的活动进行持续监控。

依据现行法律，当发现已知的反恐监视目标进入美国时会出现一个问题。对此目标进行监控已依据适用国外的标准如第 702 条款或第 12333 号行政令获得合法授权。而当目标突然在美国被发现，对其进行监控就需要获得更严格的法律的允许。依据现行法律，一旦确定目标在美国境内，国家安全局就必须即刻停止信息收集。只有获得外国情报监视法庭新的授权，监控才能重新启动。这一结果的讽刺性就在于，监控在目标进入美国时必须停止，而这正是采取敌对行动的时刻。通俗来讲，从国外监控切换至国内监控，无疑是一次代价高昂的摸索。

为解决这一覆盖面上的缺口，我们已经提交了立法修改《美国法典》第 50 卷 1805 节的草案，以授予国家安全局局长此种情况下长达 72 小时的获取外国情报信息的紧急权力。我们相信，此类权力授予是恰当的。类似的缺口还发生在以下情形，即国外的监控目标最初被认为是一个非美国人，最后却发现实际上是一个美国人。而当目标出于反恐目的接受调查时，允许监控的权力就不再适用。

覆盖面缺口的出现是由于国内外适用不同的法律标准。如果合理确认目标不是美国人且位于美国境外，同时其目的是基于现有许可获取外国情报信息，则根据第 702 条款实施监控就是被允许的。而只要与外国情报相关，就可依据第 12333 号行政命令进行监控。相比之下，传统的《外国情报监视法案》发布在美国境内进行监控的命令，就要求有可能原因确认监控目标是外国势力的间谍。为依据《外国情报监视法案》第 704 节对在美国境外的美国人进行监控，政府必须提供事实使人合理确信其是外国势力的间谍。将事实认定从依据第 702 条款或第 12333 号行政命令由国家安全局进行监控，升级至依据传统的《外国情报监视法案》命令或第 704 条款由司法部实施监控，这将耗费很多时间和精力。

这种权力切换的精确范围理应认真考虑。立法建议将允许国家安全局局长发布命令进行 72 小时监控，然后就是司法部部长具有紧急权力，可授权附加几天。有一些争议存在，即是否在面临迫在眉睫的死亡或严重身体伤害威胁的情况下限制范围，或者更广泛一点，将权力切换扩展至所有反恐调查。更多的事实和公开讨论都将有助于对这些问题进行评论。

然而，有关范围的这些问题已得到解决，只当通信发生在美国境内时，依靠移动电话和电子邮件地址来确定事实无疑是很困难的。当通信被意外发现位于美国境内，或者先前被认定非美国人的却被发现是美国人时，具备应对紧急情况的能力是很有必要的。

第五章 情报收集范围及方式决议

冷战期间，美国领导了所谓自由世界(Free World）的防御战。被恐怖组织列为目标后，又领导了国际社会打击暴力极端主义的行动。久而久之，美国发展了大规模的、拥有无可比拟的信息收集能力的情报机构。情报机构的信息收集不但对我们的国家安全至关重要，对众多盟友和友好国家来讲也是一样。美国所拥有的技术情报收集的超强实力，可说是维护美国和许多其他国家和平与安全的重要组成部分。

情报收集旨在将情报告知负责作出决策和采取行动的政策制定者、作战人员和执法官员，以保护美国及其盟友。情报收集本身并非目的。情报收集不应当在有可能时发生，而应在确有必要时进行。

如今，情报——特别是信号情报——对打击暴力极端主义、防止核武器扩散、打击国际犯罪组织、防止暴行以及执行联合国制裁和其他国际制度来讲，一如既往非常必要。“9·11”恐怖袭击后十几年来，来自“基地”组织和其他类似组织的威胁也已发生相应改变，但依然意义重大。例如，近年来，与“基地”组织相关的组织席卷非洲和中东地区。此外，“独狼”(Lone Wolf）恐怖主义在美国等地兴起。因此，适当的情报收集、数据分析和人员间信息共享都是持续需要的。同时，我们需要对情报收集进行适当控制和监督，以确保所采取行动符合价值观并反映安全诉求。

为确定这些诉求，美国政府创制了“国家情报优先框架”。由于该框架所产生的情报优先级是情报部门有史以来最坚决的，我们相信国家情报优先框架系统能够而且应当得到强化，以确保所收集的信息是真正所需，同时采用的收集方法符合价值观和相关政策。

一、优先级和适当性

为确定什么情报有必要收集，政策制定官员和情报人员相互影响，以创建情报需求或要求，再在其中确定优先级。这一过程已被正式列入国家情报优先框架。

国家情报优先框架依据重要程度将政策制定者确定的情报收集需求分为五个类别或等级。第一、二级是国家级优先事项，由总统传达，随后的优先级确定和审核先由国家安全委员会助理委员会(Deputies Committee）中内阁级以下官员进行，再由国家安全委员会主管委员会内阁级官员进行。第三、四、五级则主要反映其他政府机构和项目履行法定授权所需的信息。对第三级到第五级的审核由国家情报总监协调，并涉及水平低于主管和助理级别的政策官员。

国家情报优先框架每年均进行审查、批准和发布。一旦某一情报优先级被批准，就转变为具体的收集计划。情报收集由国家情报总监办公室负责协调。

许多情报优先级直接导致全球范围内的信息收集。例如，某一监控“基地”组织威胁的情报优先级，可能意味着信息收集不只在阿富汗和巴基斯坦等“基地”组织总部所在地进行，而且覆盖许多“基地”组织及其支持者活动或出现以及可能产生威胁的地方。

情报优先级往往需要在许多国家进行信息收集，例如，执行联合国和其他制裁、制止核武器所需材料的扩散、禁止贩卖人口、打击非法贩毒和犯罪集团、减少大规模暴行的风险、查明对少数民族权利的有计划的侵犯以及战争罪行等。通常情况下，其他政府不具备在其境内收集满足以上需求信息的能力。有时，他们会有意设法向国际社会否认有关这些问题的信息，而美国则会定期与盟友及合作政府乃至国际组织共享信息。

在收集此类情报方面，美国并非孤例。大多数国家都会收集情报，只是囿于能力和资源所限。事实上，美国本身正是很多国家收集情报的目标之一，包括与其友好甚至结盟的国家。总统本人的通信信息也是很多国家的目标，无论其与美国关系友好与否。

美国情报收集的独特之处就在于高级官员、当选立法委员和司法部门(参见附录C）对其进行监督和控制的程度。世界其他国家的情报服务工作均未上升至政策、立法，以及现在适用于美国情报部门的司法审查的程度。然而，在我们看来，监督力度还有待提高。现行国家情报优先框架未对以下几项提供足够高水平的监督：(1）低优先级；(2）优先级下收集信息所用的具体方法；(3）某一优先级的情报收集可能发生的地点；(4）年度审查发现所取得的进展。

国家情报优先框架理应加强，以确保在以下前提下，即所有国家利益均被纳入考虑且负责维护以上利益的官员均有参与时，敏感信息的收集才得以进行。以下内容应被补充入该框架：(1）对所有敏感需求都要进行高级“跨部门”的政策监督，而非只针对第一、二级；(2）所有与问题相关的部门和机构都应参与进来，包括经济部门；(3）只要收集目标和方法涉及敏感内容，就应对其进行高级别的了解和批准。下面我们将进一步讨论“敏感”的收集活动。

这些建议所依据的基本原理都很简单。高级决策者应当确定情报机构的活动；高级决策者是唯一具备丰富阅历作出决定的参与者；所有具备相关专业知识和观点的高级决策者都应当参与敏感信息收集的政策制定。

二、监控敏感信息的收集

建议 16

我们建议，总统应当设立新的程序，获取所有敏感情报均需通过高级别批准，且情报界所用方法需符合相关要求。此外，该程序应明确区分针对外国领导人和在外国进行的监控的使用和限制情形。政策界和情报界专业人士组成的工作小组应在全年持续审查敏感情报的收集活动，并在必要时建议国家安全委员会代表和负责人对其进行不定期审查。

建议 17

我们建议：

（1）高级决策者不但要审查国家情报优先框架内第一、二级的要求，而且要审查其他被界定为内容敏感的要求；

（2）高级决策者应当对所有层级要求中被认定敏感的收集方法和目标进行审查；

（3）涉密信息的泄露会对美国经济利益产生不利影响，由此联邦机构中负责维护经济利益的高级决策者应当参与审查全程。

建议 18

我们建议，国家情报总监负责创建情报界情报收集和发布活动的监督机制，以确保其符合高级决策者的决定。为此，国家情报总监应当就这一问题同时向国家安全顾问和国会情报委员会提交年度报告。

我们认为，有关内容“敏感”的界定应在加以强化的国家情报优先框架中进行审查，并随时间而变。而可能足够敏感到需要进行高级别跨部门审查的因素包括：（1）信息收集所用的方式；（2）信息收集的具体对象；（3）信息收集所在的国家；（4）国际事件，例如国家元首会议或谈判；(5) 以上因素叠加。

情报收集主管可能并不总能意识到，他们正在进行或计划的工作也许会被决策者归为敏感一类。而高级决策者也可能不会意识到之前批准的信息收集如今变得“敏感”了。

我们建议，设立常设小组(standing group) 或办公室，对信息收集中涉及敏感的活动进行持续审查。这一敏感活动办公室(Sensitive Activities Office) 应由决策者和情报收集主管组成，大约 18 个月轮换一次。如有必要，敏感活动办公室应在国家情报优先框架年度审查之间，结合高层考虑对情报收集活动作出安排。

敏感活动办公室的工作人员由非传统国家安全组织如国家经济委员会、财政部、商务部、贸易代表等的成员组成。此外，在意识到新的进展或情况变化的前提下，任何部门均可随时请求敏感活动办公室对正在进行的情报收集活动进行审查。敏感活动办公室由国家情报总监办公室负责安置并提供支持，但应通过国家情报总监向国家安全参谋部政策官员作定期报告。

对国家情报优先框架加以强化的目的是确保美国收集的所有信息均系合法所需，且尽可能少，也是确保信息收集并非因为我们有能力而进行，而是出于国家安全、盟友安全以及对国际社会的支持。

为此，情报收集审查的负责人应当重建所谓“头版规则”(Front-Page Rule) 的使用。长期以来，此项非正式戒律被美国行政部门加以使用，即如果基于信息泄露或可能的公开等原因而有必要却不能使美国人确信此类活动的必要性和明智之处，那么我们就不应进行任何机密、秘密或暗中活动。这一规则的推论就是，如果某一外国政府对信息收集可能的负面反应超过可能获取信息本身的价值，则信息收集就不能进行。

三、领导层的意图

建议 19

我们建议，决定对外国领导人进行监控应当考虑以下标准：

（1）为评估对我国国家安全的威胁进行此类监控，是否确有必要？

（2）该国与我们是否具有一致的价值观和共同利益，是否存在合作关系？我们是否应当对其领导人给予高度尊重？

（3）我们是否有理由相信外国领导人可能在对待美国高级官员时阳奉阴违，或者试图隐藏与美国国家安全相关的信息？

（4）是否存在其他切实可靠的方法或目标以获取所需信息？

（5）如果该领导人或者相关国的公民均意识到美国的监控，那会造成什么负面影响？

像所有政府一样，美国也在试图了解许多国家领导人的真正意图。从历史上看，一些国家领导人可能先通过外交渠道告知美国某一事情，后又秘密下令采取截然不同的行动。而通常来讲，确定或核实其意图“最简单”的方式，似乎就是监控领导层的通信。

然而，我们认为，任何对外国领导人进行监控的决定都必须经过谨慎考虑。出于各种原因，这些决定的赌注是相当高的。虽然一般原则本身并不能解决此类关系密切且困难的情况，但是有助于确保我们在作出判断时对相关注意事项保持适当关注和一定程度的一致性。与其他地方一样，风险管理也是至关重要。决定对外国领导人进行监控，必须解决和管理多重风险。

在这一调查过程中的第一项任务就是考虑寻求此类信息的各种可能的目的。在某些情况下，所需信息可能是为降低事关重大的国家安全风险，或者了解外国领导人对关键国家安全事宜所持观点，而此类观点并未与美国共享。在其他情况下，所需信息可能是为了解其他国家领导人的意图，即使其并不涉及对我们国家的安全威胁。后一种情况可能涉及的一种利害关系是，所获取信息在美国官员就双边经济问题计划与其他国家所举行的会议和进行的讨论中将有所帮助。在这种情况下，它可能有助于提前了解另一国家的内部问题和优先级，或者其已计划的谈判策略，但对国家安全来讲却并不那么重要。不同的利益往往权重不同。

第二项任务就是考虑在哪些国家进行信息收集活动。在某些情况下，我们可能试图收集与美国敌对的国家领导人的信息。对于其他可谓朋友和盟友的国家，我们则可能会与他们保持紧密和支持的关系。

在判断是否对外国领导人进行监控时，我们建议考虑以下问题：(1) 为评估对我国国家安全的威胁进行此类监控，是否确有必要？(2) 该国与我们是否具有一致的价值观和共同利益，是否存在合作关系？我们是否应当对其领导人给予高度尊重？(3) 我们是否有理由相信外国领导人可能在对待美国高级官员时阳奉阴违，或者试图隐藏与美国国家安全相关的信息？(4) 是否存在其他切实可靠的方法或目标以获取所需信息？(5) 如果该领导人或者相关国的公民均意识到美国的监控，那会造成什么负面影响？这些问题将有助于为作出此类敏感判断指明方向。

建议 20

我们建议，美国政府应当就开发软件的可行性展开调查，以使美国国家安全局和其他情报机构更易获取目标信息，而非一味进行大规模数据收集。

在审查过程中，我们发现，信息技术网络和当前情报收集技术的本质就是从所获取的大量数据中提取所需的有限数据。电子邮件、电话和其他通信信息像一系列小信息包在网络上移动，然后在接收端被重组。通常这些来源不同的信息包散布在传输过程。为拦截某一信息，许多其他信息可能会被记录和存储在政府数据库中，至少暂时是这样的。同样常见的是，如果信息收集发生在传输过程而非源头，就会与许多其他信息混在一起，则信息收集会更具成本效益且不太可能被接收器发现。

如果信息收集技术部门能够在网络中利用人工智能软件，并实时准确地确定哪些信息包应被收集，就可能降低预算成本和政治风险。当前情况下，大量数据被清除，且信息分类在其复制至数据存储系统才进行，而与此大为不同的是，该款智能软件会在线进行分类决策。我们尚不能确定这一概念是否可行或只是幻想，但我们建议组织跨部门的信息技术研究团队对此进行深入研究。

四、与我们的盟友合作

建议 21

我们建议，美国政府应当与少数关系密切且符合特定标准的盟友一道就针对各国公民的情报收集活动的指导原则和具体实践进行探究，包括收集活动是否适当，收集活动的意图、约束和限制等。特定标准如下：

（1）具备共同的国家安全目标；

（2）高级决策者之间互动紧密、开放、坦诚且合作良好；

（3）情报机构共享情报信息和分析思路，并在实践中合作对抗损害共同国家安全利益的关键目标，类似关系的建立应当由相关情报部门进行论证并接受高级政策层面的监督。

我们建议，美国政府应当与关系密切的盟友一道，就针对各国公民的情报收集活动的指导原则和具体实践进行探究。很重要的一点是，要强调美国并未与其他国家签署有关承诺不收集彼此公民信息的正式协议。事实上，这样的正式协议并不存在。然而，却有极少数政府与美国就这一问题达成双边协议或共识(包括在适当情况下，信息收集的意图、约束和限制）。这些双边关系是基于相关政策和情报部门之间几十年的熟悉、透明度和过往表现而形成的。

美国应当探索与少数其他关系密切的盟友达成类似协议和共识的可能性。达成此类关系应当经过谨慎考虑，并且需要高级政策层面的参与。我们预计，短期乃至中期时间内，只有极小数此类新关系可能形成。

在选择进行此类讨论的国家时，美国政府应当具有明确的标准，并与感兴趣的政府共享。具体如下：(1）两国政府具备共同的国家安全目标；(2）两国政府的政策官员之间互动紧密、开放且坦诚；(3）两国情报机构建立紧密的合作关系，包括共享大范围的情报信息，并在分析过程和实践中合作对抗损害共同国家安全利益的目标，此外具备审慎处理情报信息的能力。

美国政府表示正在考虑公开情报部门在处理与非美国人相关的外国情报信息时所遵循的程序，对此我们表示支持和鼓励。在实施这些程序时各个机构的表现都应当同时由国家情报总监——以定期向高级政策官员报告的形式——以及两大国会情报委员会监督。

第六章　随通信技术发展作机构改革

一、简介

该份报告的中心主题是强调达成以下多个目标的重要性，包括：(1) 抗击对国家安全的威胁；(2) 保护其他国家安全和外交政策利益；(3) 保障基本的隐私权；(4) 维护民主、公民自由和法治；(5) 支持创建稳健、创新、自由的网络；(6) 保护战略关系。在通信技术不断变化的背景下，本章将对为实现这些目标所设计的组织结构予以确认。

基于很多根植于情报历史的原因，当前的组织结构绝大多数都将目标集中于抗击对国家安全的威胁。二战期间，国家安全局就已经不再从事信号情报工作。自那时起直至冷战结束，国家安全局都将精力放在美国以外的民族国家，且经常是一些远离本国的外国作战区。

相比之下，我们现在情报工作的目标是非国家行为体，比如那些并不把国家边界当作行事障碍的恐怖组织。正如第 215 条款所描述的，国内外之间的传统区别愈加模糊。军人和平民之间的区别也是如此，例如，伊拉克和阿富汗这样的战区也在使用与世界其他地区相同的通信工具、软件和网络。同样的，战争和非战争的区别也不那么清晰，例如，美国对日常网络安全攻击和来自国外的其他威胁保持同样警惕。

情报部门的组织结构理应反映这些变化。如今，通信工具、软件和网络经常具有双重用途——军用和民用。军事和民事目标都涉及通信系统的信号情报和监控。第五章强调了依托多个联邦机构和多重国家目标，创设新的政策流程以对敏感情报收集进行监督的必要性。本章则指出关键的机构变化，包括：

- 对国家安全局进行重组，以使其职能重新聚焦于外国情报方面；
- 新建公民自由与隐私保护委员会，对现有隐私与公民自由监督委员会的法定限制进行扩展；
- 在外国情报监视法庭创设公共利益倡导者一职，从而增加透明度，改善任命流程。

二、国家安全局

我们建议对国家安全局的组织结构进行重大变革。国家安全局应更大程度由文官控制，例如，由参议院来确认局长的任命，以及向平民开放局长职位。国家安全局应将其注意力重新放在其核心功能上：即收集和使用外国情报信息。为将情报角色与战斗角色进行区分，军事网络司令部不应由国家安全局局长领导。由于近年来平民和政府网络系统的防卫变得越发重要，我们建议将国家安全局信息保护署的防卫功能拆分为一个单独的组织。

在讨论这些建议之前，我们先给出以下观察意见。世界上没有任何组织像国家安全局一样拥有如此宽泛的能力，国家安全局在信号情报领域的实力是非凡的。自从二战以来，国家安全局及其前身努力使我国和盟友免受攻击。国家安全局日常所收集的信号情报被用于支持作战人员，打击恐怖主义、大规模杀伤性武器扩散以及国际犯罪和贩毒组织。由此，美国及其世界范围内的盟友得以防止死亡、灾难或者毁灭。

除前沿技术发展和实践之外，国家安全局还雇佣大量训练有素、资历合适且专业性强的工作人员。国家安全局全体员工的努力工作和奉献精神是有目共睹的。此外，国家安全局扩充了合规办公室的工作人员，并解决了外国情报监视法庭和其他机构之前提出的很多问题。

2001 年美国“9 · 11” 恐怖袭击之后，政府立法和行政部门的很多人士认为，需要出台大量新的实质性举措以保护国家安全。我们注意到，如果未来发生类似的、更糟糕的骚乱或者系列袭击事件，很多美国人可能会在恐惧和冲动下支持对公民自由和隐私施加新的限制。如果缺乏适度控制，我国情报和执法机构现存的能力和强大的潜力可能会被激发。而一旦出现这种情况，则难免会牺牲自由。

我们就国家安全局所作的建议部分程度上是为了创建相互制衡机制，以使将来很难施加过度的政府监控。当然，任何一种体制改革都不能提供完美的保障，但却让限制变得更有可能。为维护自由，任何时代都需要提高警惕。

1.“两用”技术：民用通信与情报收集的融合

我们对组织变革的建议全部基于通信技术近年来的发展历史。大部分情况下，二战和冷战期间的信号情报并不涉及收集和使用普通美国公民所用的设备和网络。相比之下，如今信号情报则普遍涉及普通美国公民和其他国家公民所使用的通信设备、软件和网络。当设备和网络相对独立时，则没有理由将信号情报纳入对美国利益所作的广泛性政策调查。但是当设备、软件和网络与普通美国公民(以及其他国家的普通公民）所使用的一样，那么多个重要的政策问题就会开始起作用。

随着技术的不断进步，情报与通信技术的主要区别逐渐削弱：政府与非政府、国外与国内、战争与非战争、军用与民用的区分不甚明显。因此，现在很多通信技术都被双重用于军用和民用目的。对于普通平民来讲，这意味着日常通信进入情报机构数据库。对于军队来讲，则意味着过去纯粹的军事活动现在将对普通公民产生重要影响。

(1) 从民族国家到隐蔽的恐怖分子。冷战期间，情报工作直接针对外国势力(尤其是苏联）以及外国势力的间谍，例如被列入《外国情报监视法案》窃听命令的位于美国的苏联间谍。“9 · 11”恐怖袭击后，情报工作的重点则转为打击恐怖主义。反恐工作的一项头等任务就是识别那些试图在大量通信中隐蔽自身踪迹的潜在和实际的恐怖分子。

例如，第 215 条款的电话数据库就被设计用以寻找嫌疑恐怖分子与先前未知的威胁之间的联系。该数据库是“9 · 11”恐怖袭击后创建的很多数据库其中之一，其目的是理清关联并发现恐怖威胁。专注于反恐引发的一个结果是，情报部门将其焦点从国家行为体扩展至大量的非国家行为体；此外，普通公民的通信信息被置于情报数据库，增加了信号情报政策选择对个人和商业所产生的影响。

（2）从国内到国外。对于普通公民来讲，国内与国外通信的区别随着时间的推移逐渐削弱。国家情报总监詹姆斯 · 克拉珀(James Clapper)将军向国会证实[159]，冷战期间大多数情报收集均位于相对独立的通信系统。在铁幕(Iron Curtain）之后，苏联及其盟友的通信在很大程度上脱离于其他国家。从普通美国人到共产主义国家，直接通信都只占电子通信很小的一部分。相比之下，网络却是全球性的。恐怖分子及其盟友所用网络与普通美国人并无二致。

冷战期间，普通美国人使用电话进行大部分市内通话，但在面对相对昂贵的长途电话时却很谨慎，更胜一筹的国际电话则更是如此。相比之下，现在很多人已经不再使用长途电话或国际电话，而是通过购买便宜的电话卡或者免费的全球视频服务来进行国际通话。与此同时，国际电子邮件对用户也是免费使用的。

现今通信的普遍国际性是制定第 702 条款和 2008 年《外国情报监视法修正案》的基本理论依据。此外，网络上的任何通信都有可能是从美国境外某个地点按路线发送的，在此情况下《外国情报监视法案》并不适用，且情报收集处于相对宽泛的授权控制之下，如第 12333 号行政命令。现在，大多数美国用户不知道的是，网站和云服务器都有可能位于美国之外。即使一个美国人从来没有故意向国外发送通信信息，位于国外的美国情报机构也有可能对此进行收集。[160]当今通信的跨国界性表明，当作出有关外国监控的决定时，更多地考虑涉及保护民用商业和个人隐私的政策目标是很有必要的。

（3）**从战争时期到对网络和其他威胁的持续响应**。最近几十年来，网络的全球性使得黑客、有组织的罪犯、恐怖分子和民族国家对政府、商界和普通美国人的通信发动日常网络攻击成为可能。因此，发展针对以上攻击的高质量防御能力成为民用和军用系统的优先考虑事项。在战争时期，军队预感对手会设法干扰通信，并采取其他措施阻挠其执行任务。为此，军队一直要求对其通信进行有效防御，也即“信息保障”（information assurance）能力。而由于网络攻击通常来自于国外，如今除军事之外的领域也迫切需要信息保障。

为保证网络安全而进行的军用和民用系统的融合主要有以下三层含义。

第一，军用信息保障越来越依赖于民用部门的信息保障，随着商用现货供应软硬件的使用，现在很多军用系统与民用系统大体相同或相似。军队和美国政府往往依赖于广泛的关键性基础设施，而这些大多由民用部门拥有和操作。民用领域软硬件和基础设施所进行的有效防御对军队和其他政府部门来讲可谓至关重要。

第二，军队的指挥系统并不适用于民用部门。对于传统的信息保障，军队可以依靠自身人员和系统来解决由对手造成的通信问题——即秘密安排人员对问题作出响应。但是此类指挥系统在民用部门并不起作用，因为解决办法和其他防御措施必须传达给众多的民用系统所有者。要想在传达有效防御措施的同时避免向对手暗示我们的脆弱点和对策，这通常是不可能的。

第三，这些改变使进攻和防守之间的关系更加紧张。当军队在指挥系统内部保密时，则情报收集和网络攻击中所用的进攻措施可以安全地继续使用。进攻仍然有用，军队也可以保卫自身系统。然而，当没有指挥系统时，防御者也就无法秘密修补他们的系统。负责进攻的人仍在设法收集信号情报或者执行网络攻击；相比之下，负责信息保障的人则无法有效保护众多已暴露的系统免受攻击。信号情报功能与信息保障功能之间的冲突比以往更加激烈。这一结论也有力支持了我们将国家安全局信息保护署拆分为单独组织的建议。

（4）从军事作战区到民用通信。这是一项受关注程度相对较小的重要改变，主要涉及普通美国人所用通信设备、软件和网络的军事意义。在某些方面，信号情报的军事性是众所周知的——国家安全局是国防部的一部分，国家安全局现任局长是一名将军，同时领导军队的网络司令部。更不为人关注的变化还有：①在伊拉克和阿富汗的积极作战行动对于决定哪种情报活动比较合适所产生的影响；②出于军事目的的信号情报以及普通美国人和其他国家公民的通信之间出现越来越多的重叠。

鉴于对政府监督呈现彻底不同的预期，军用和民用通信的融合就显得非常重要。在战争时期，积极的军事行动中，直接针对敌人的信号情报必须极具攻击性，并且在很大程度上不受限制。二战期间，美国及其盟友通过破译德国和日本的密码而获得重要情报。冷战期间，美国在苏联边境建立监听站以拦截通信。最近，为防止或查明对进驻伊拉克和阿富汗美军的袭击，又采取强有力的措施来拦截通信，而这也引发了激烈的争论。在军事行动中，其目标是制信息权，以保护美国军队的生命和安全，满足军事目标需求。但是，同样的规程却并不适用战争后方。

如今，在军事和民用设备上广泛使用的越来越多的通信技术带来了严峻的挑战。作战区所用的手机、便携式电脑和其他生活消费品同样适用于世界其他地方，软件也是一样，例如操作系统、加密协议和应用程序。类似的，路由器、光纤和其他联网功能部件也将作战区和全球互联网的其他地区相连接。现在，可以说没有什么战场界线或是铁幕能够将作战区的通信与世界其他地方完全隔开。战场上可被利用的弱点，在其他地方也能用。而政策挑战就在于，如何在作战区达成军事目标，且不破坏我们在其他地方的通信隐私和安全。在应对这一挑战时，在作战区达成军事目标，同时避免对武装部队的行动造成寒蝉效应(Chilling Effect）仍然至关重要。

自“9·11”恐怖袭击后，公众辩论开始普遍关注主张扩大监控的反恐理由。我们认为，驻伊拉克和阿富汗的军事任务对于技术收集和通信技术方面的决策也具有很大但很难衡量的冲击。放眼未来，即使信息收集和使用确实存在其军事理由，也将会有越来越多不从纯军事角度看待这一问题的相对立的理由。军用和民用通信的融合对我们所提建议提供了支持，包括对国家安全局加强民用控制，将国家安全局从网络司令部分离出来等。这对情报机构支持作战人员也至关重要，但是我们还必须不断完善政府架构，以协调众多政策目标。

2. 具体的机构改革

建议 22

我们建议：

（1）国家安全局局长一职应由参议院确认；

（2）平民应当有资格担任该职；

（3）总统应当认真考虑由平民担任国家安全局下任局长。

一直以来，国家安全局局长一职都不由参议院确认，而是总统一人决定。而基于以下原因，包括：国家安全局行动的重大影响、公众对局长信任的必要性、公众信任的意义以及相互制衡的传统体系的重要性等，该职位由参议院确认是非常合适的，以此增强透明度和责任感。

在任命其他情报机构负责人时，总统一般从平民和军队从业者中选择。现役军官和平民都曾被选任为中央情报局局长和国家侦察局

(National Reconnaissance Office，NRO) 局长。这直接关乎国家安全局的未来，美国人民认为其处于适当的控制和监督之下是很重要的。

因此，平民应当有资格担任该职。民用和军用通信技术的融合使得由平民领导来完成国家安全局的军事和情报任务变得愈加重要。我们认为，总统应当认真考虑由平民担任国家安全局下任局长，从而明确国家安全局在平民控制之下运行。副局长中则应包括一名高级军官(两星或三星)。

建议 23

我们建议，国家安全局应当被明确指定为外国情报组织，除外国情报收集之外的任务一般应当重新指派。

现在，国家安全局身兼多重任务和授权，其中一些却很模糊或在本质上相互矛盾，甚或两者兼有。从根本上说，国家安全局是并且应当是外国情报组织，而非国内安全服务部门、军事指挥部门或者信息保障组织。由于其特殊性，在机构之外对其进行有效监督是必要的。

在某些方面，国家安全局既是军事组织，也是民间组织。它一直由将级军官领导，而其现任领导也是作战司令部(美国网络司令部) 的负责人。由于历史原因，国家安全局自身角色和任务不停演变，而这些角色又基于一系列历史事件及必要条件。而如果国家历史一片空白，也就不可能有现在的国家安全局。

总统应当明确，国家安全局的主要任务就是收集外国情报，包括支持作战人员。与其他机构一样，必要时，国家安全局也应对司法部、国土安全部和其他执法机构提供支持，但不应对主要是国内的项目承担领导责任。不涉及外国情报收集的任务一般应当指派给其他部门。

建议 24

我们建议，军队负责人、美国网络司令部司令和国家安全局局长均不应由同一人担任。

正如五角大楼所言，针对网络空间活动，美国军队成立有效的作战司令部是很有必要的。随着专业的网络能力在进攻与防守中所发挥的作用不断增加，该司令部的重要性也将随着时间愈加显现。但是依据《美国法典》第10卷(国防与军事组织）成立的军事组织应当独立于依据第50卷(情报）成立的外国情报机构。正如国家安全局在最近的伊拉克和阿富汗战争中为美国中央司令部(Central Command）提供了必要的支持，国家安全局理应对美国网络司令部提供情报支持。然而，战斗与情报收集任务之间的区别很有必要澄清。一般军事理论都不主张情报控制实战，这两个角色既为互补又有区别，所以未来国家安全局局长和美国网络司令部司令不应由同一人担任。现在网络司令部已经越过初始阶段，由同一人担任负责人并非上述两种不同功能得以实现的最好方法，而风险也会随之增加。

建议 25

我们建议，国家安全局大型分支机构——信息保护署不得从事与外国情报相关的活动，并且应当列为国防部内设单独机构，主要向国防部部长办公室下设网络政策部报告工作。

为符合国家安全局外国情报组织的定位，大型分支机构信息保护署应在组织上与之分离，并使用不同的报告体系。信息保护署的首要任务就是确保国防部通信系统的安全。随着时间推移，有关其他任务和活动的重要性愈加凸显，例如，为其他美国政府网络提供安全支持，为网络领域的整体安全包括政府之外的大部分系统做出贡献等。这些并非外国情报机构的任务。如今，保护军事通信安全的历史使命只是整个网络安全进程中越来越小的一部分。

我们担忧的是，将信息保护署嵌入外国情报组织不免会造成潜在的利益冲突。国家安全局的一个主要目标就是获取和解密信号情报，可谓一种进攻能力，相比之下，信息保护署的工作是防御。当进攻方通过一些方法进入通信设备、软件系统或者网络，他们可能不愿意设置补丁，以免妨碍自己访问。这一利益冲突一直是最近技术专家有关监控的文献的一个显著特点。[161]

而如果信息保护署维持在国家安全局，另一种担忧就是可能会在官僚机构的攻与防之间引发不对称——成功的攻击行为为高级管理层提供新的情报，而日常稳定的防御行为却很少带来巨大的成功。

将信息保护署从国家安全局分离出来的另一个原因是加强与私营部门、学术专家和其他网络安全利益相关者的关系。正是因为私营部门存在诸多网络安全问题，包括关键基础设施，维持公众信任是很重要的。经与一系列专家讨论后发现，当前公众对于国家安全局致力于防守任务这一事实普遍缺乏信任。新建组织结构无疑有助于重建将来的信任体系。

当然，网络安全攻防之间的信息分享也有强大的技术支持。专家通过学习在渗透系统和反渗透方面经验颇丰。即使信息保护署在组织上独立，这样的合作也一定会出现。

比较理想的情况是，信息保护署构成国土安全部网络能力的核心。一直以来，国土安全部被指定为网络安全防御的内阁领导部门。然而，任何将信息保护署从国防部门预算中移出的做法都很可能在国会遭到反对。[162] 因此，我们建议将信息保护署转变成国防机构，地位类似于国防信息系统局(Defense Information Systems Agency，DISA）或国防威胁降低局(Defense Threat Reduction Agency, DTRA)。按照这一方案，新的独立的国防信息保障局(Defense Information Assurance Agency, DIAA）将不再通过情报渠道进行汇报，但是将会接受国防部部长办公室网络安全政策的监控。

三、致力于保护隐私与公民自由的组织机构重组

行政部门应当采取组织改革，以保护与情报收集和使用个人信息有关的隐私和公民自由。具体来说，行政部门应当对其在政策清理和发展、合规、监督和调查以及技术评估等领域的政策和程序进行完善。

该报告的一个基本主题就是，情报部门能够收集私人信息并不意味着它应当这样做。同样的，情报收集合法并不意味着它是一项好政策。随着电子通信技术的广泛使用，情报部门收集和使用信息的能力成倍扩大。“9 · 11”袭击之后，政府优先考虑国家安全，此外，庞大的预算增加都使美国内外大范围的情报收集和共享成为可能，且比之前所想象的规模更大。

随着上述能力的扩大，设置相应机构并提供足够的资金支持很有必要，以确保在情报收集和使用的同时实现国家整体利益。我们建议，行政部门内部应当进行机构改革，并在以下方面加以强化：(1) 政策审查和发展；(2) 合规；(3) 监督；(4) 技术评估。

建议 26

我们建议，在国家安全参谋部、行政管理和预算办公室设立一名隐私和公民自由政策官员。

近期，国家安全参谋部在白宫向总统的国家安全顾问作报告，并由一名公务员负责隐私事务。此时，行政管理和预算办公室在隐私与网络安全方面进行监督与管理，同样由一名公务员负责隐私事务。我们建议，总统在国家安全参谋部、行政管理和预算办公室内任命一名政策官员，以协调美国政府有关隐私方面的政策，包括情报部门的相关问题。

该职位在某些方面与 1999 年至 2001 年初克林顿总统时期行政管理

和预算办公室内的首席隐私顾问相似。创建这一职位有多个原因：第一，行政管理和预算办公室的审查过程是一种确保隐私问题经由决策者深思熟虑的有效方式；第二，政治任命者可能比公务员更有效；第三，确定一名专职、公开任命的官员无疑为外部专家、倡议团体、工业、外国政府以及其他组织和个人提供了一个焦点用以报告政策进程；第四，该政策发挥的作用与确保各机构政策合规有所不同。[163]

建议 27

我们建议：

（1）对隐私与公民自由监督委员会章程进行修订，以成立一个全新的强化机构，即公民自由与隐私保护委员会，主要负责监督情报部门收集外国情报活动，而非仅以反恐为目的。

（2）公民自由与隐私保护委员会应当被授权接收情报部门雇员有关隐私和公民自由事宜的投诉。

（3）公民自由与隐私保护委员会内部应设立技术评估办公室，以对情报部门的技术措施进行评估并为隐私强化技术提供支持。

（4）一部分类似公司所实行的外部审计的合规职能，应当由国家安全局或其他情报机构转至公民自由与隐私保护委员会。

（1）创建公民自由与隐私保护委员会。“9 · 11”委员会提议创建了现在的隐私与公民自由监督委员会，作为行政部门的一个独立机构，其职责是监督情报部门有关恐怖主义的活动，以及向国会和行政部门提出关于提升保护隐私和公民自由的建议。法规授权隐私与公民自由监督委员仅对以反恐为目的信息收集和使用进行管辖。以外国情报为目标所进行的情报收集事实上带来许多隐私和公民自由方面的问题，包括反扩散、反情报、经济政策与其他外交目的等。

为适应信息收集和使用范围，我们建议创建全新的强化的委员会，并授权其全面监督外国情报事务。我们已经对现存的隐私与公民自由监督委员会是否应该改变，以及是否应当创建一个权力扩大的全新机构来取代它的问题作了考虑。保留隐私与公民自由监督委员会的优势之一在于，它的一个主席和四个委员会成员已经由参议院确认并在任。另一方面，我们考虑新建机构的职责范围相比隐私与公民自由监督委员会法规的允许范围要宽泛得多。当然，隐私与公民自由监督委员会当前的法规也存在缺点。基于这些原因，我们建议在行政部门创建一个全新的独立机构，即公民自由与隐私保护委员会。

监督应当与被审查活动的范围相匹配。由新的公民自由与隐私保护委员会监督“外国情报”而非“反恐”更适合《外国情报监视法案》规定的范围。更宽泛的范围能够使情报部门不至于因规避当前隐私与公民自由监督委员会的审查而将其活动错误地描述为反恐以外的其他内容。

据我们预计，扩大范围将需要大幅增加资金和工作人员。由于现有工作人员很少，隐私与公民自由监督委员会没有足够能力对情报机构动辄数百亿美元的项目进行监督。这一问题必须加以解决。正如隐私与公民自由监督委员会一样，公民自由与隐私保护委员会的领导层和工作人员都应经过审查，以便监督更广泛的情报部门的活动。依据当前法规，公民自由与隐私保护委员会将以一种合适的、密与非密结合的形式向国会和公众定期作报告。

（2）公民自由与隐私保护委员会和举报人。我们建议颁布法令，以为举报人向公民自由与隐私保护委员会进行直接检举提供渠道。当前，情报部门举报人相关规定的效力已经受到不少批评。尽管我们没有对所有批评进行评估，但是应当说公民自由与隐私保护委员会所肩负的监管和调查角色足以对举报人的指控进行审查。

（3）公民自由与隐私保护委员会技术评估办公室。公共政策部分会受到可行的技术的影响，同时技术专家在分析这种可行性的范围时也是至关重要。经过改善的技术评估功能能够告知决策者其可选择的范围，包括个人信息的收集和使用，以及隐私强化技术的成本和成效。

1955 年之前，国会即设有技术评估办公室(Office of Technology Assessment，OTA)，该办公室在隐私和相关问题上做了重要研究。之后办公室被废除，从此以后就没有类似的联邦机构存在。由于隐私与公民自由保护的有效性在很大程度上依靠其所使用的信息技术，情报部门就面临源源不断的新的隐私和技术问题，例如最近几年社交网络、云计算和大数据分析的迅速增长。情报部门要推动技术发展水平以实现军事和其他外交政策目的，技术变革的评估也必须与时俱进。

因此，我们建议政府创建技术评估办公室，其不直接向情报部门报告，但能接触情报部门的活动。国会对监督情报部门至关重要，但它没有专门办公室来评估技术发展。公民自由与隐私保护委员会设有涉密人员和独立机构，是进行此类独立评估的合理机构。

（4）合规活动。尽管国家安全局的合规项目相对独立且专业，但公众还是有一个固定印象，即任何机构的任何内部监督功能都很容易受到机构领导层施加的压力。为增强公众信任，同时克服对国家安全局合规项目所持偏见，应当将一部分合规功能和相关工作人员转至公民自由与隐私保护委员会。这一结构类似于上市公司常见的内部审计和外部审计互补。通过这种方式，国家安全局将保留内部合规功能，其外部功能则转至公民自由与隐私保护委员会。此外，其他机构合规功能转至公民自由与隐私保护委员会也应进行考虑。

（5）隐私与公民自由监督委员会技术补充性条款。当前，隐私与公民自由监督委员会的法规存在大量限制条款，这降低了其运作效率。如果未能创建新的公民自由与隐私保护委员会，我们建议对此作出一些改变。第一，委员会中除主席之外的其他四名成员均为无薪政府雇员，且每年只在有限的几天内处理委员会的相关事务。我们建议根据这些成员的服务向其支付报酬，并且不应对每年的服务次数进行限制。第二，当前法规规定只有主席有权录用员工，而主席一职的空缺势必造成有关人员录用法律依据的不确定性。因此，应进行修订以确保委员会在主席一职空缺时依然运转良好。第三，委员会应有能力在其他联邦机构的组织下传唤私营部门的记录，而不需要经过司法部部长所要求的事先审查。第四，委员会需要来自于情报部门的机构支援，从而确保对委员会的工作给予行政支持。例如，委员会成员有时需要访问华盛顿特区总部之外的涉密设施，国家情报总监办公室或其他类型的支持会使此种访问更加容易。

四、改革外国情报监视法庭

建议 28

我们建议：

（1）国会应当创设公共利益倡导者一职，以在外国情报监视法庭代表隐私和公民自由利益；

（2）外国情报监视法庭应当向法官提供切实可用的技术专门知识；

（3）外国情报监视法庭有关决议的透明度应当增强，包括着手实行符合现行标准的解密审查；

（4）国会应当对外国情报监视法庭法官任命的流程进行改进，任命权掌握在最高法院法官手中。

正如我们所知，外国情报监视法庭依据 1978 年《外国情报监视法案》建立。如今在丘奇委员会建议下创设的外国情报监视法庭由 11 名联邦地方法院法官组成，交错任期为 7 年，目的是对涉密的外国情报调查进行司法监督。大多数情况下，外国情报监视法庭法官对政府申请发布如下命令或文件进行裁决：(1)《外国情报监视法案》授权进行的电子监控；(2) 第 215 条款业务记录的有关命令；(3) 第 702 条款针对境外非美国人士的拦截命令。

外国情报监视法庭拥有五名全职法律助理，他们在外国情报问题上具备专门知识。当准备对以上申请进行裁决时，外国情报监视法庭的法律助理通常直接与政府律师协商。有时，法官会在未举行听证会的情况下就批准申请；有时，法官则认为与政府律师一同召开听证会才是合适的。《外国情报监视法案》没有为外国情报监视法庭引入非政府方面的意见提供相应机制。相反，依据法规所进行的，且与其他联邦法院裁决搜查令和窃听令申请的程序一致，外国情报监视法庭的进程是相对片面的。[164]

外国情报监视法庭的批评者指出，法院批准了超过 99% 的申请。在最近给参议院司法委员会(Senate Judiciary Committee）主席的一封信中，外国情报监视法庭首席法官雷吉 · 沃尔顿解释说这一统计数据存在误导，因为"并没有反映很多申请在最后提交之前作出修改的事实，甚至被拒绝完成最终提交，而修改往往发生在法官有可能不同意申请的情况下"[165]。沃尔顿法官的解释似乎十分可信。此外，外国情报监事法庭在处理不合规问题方面有着优良记录，这无疑引发关注，并强化了对外国情报监事法庭的上述印象。该报告第三章和第四章中有关第 215 条款和第 702 条款不合规事件的讨论已对此作了说明，外国情报监视法庭有责任对督促政府为其错误负责予以高度重视。

我们相信，对外国情报监视法庭在以下方面进行改革将会提升其服务美国国家安全利益、保护隐私和公民自由以及增强透明度的能力。

（1）创设公共利益倡导者一职。我们的法律传统致力于对抗制。当政府发起对一个人的诉讼，那个人通常有权要求一名致力于保护他自身利益的倡导者作为代表。如果运转良好，对抗制是检验真理的引擎。这一观点的前提是，听取不同观点后，法官可以更好地找到有关法律和事实问题的正确答案。

外国情报监视法庭创立时，其初衷是解决常规和个性化的事实问题，类似于政府寻求搜查令等。期待外国情报监视法庭解决各种有可能从对抗制中获益的问题是不可能的。当政府申请授权时，它必须出具“可能的原因”，但并不涉及对抗制诉讼程序。技术和法律都随着时间演变，然而有时，外国情报监视法庭还需面对复杂而新奇的法律问题。这些问题的决议将受益于对抗制诉讼。

一个很好的例子是第 215 条款是否授权进行大规模电话元数据项目的问题。这一问题提出一系列严肃的有关宪法和法律方面的难题，而理性的律师和法官势必对此持不同意见。在此类问题上，对手的不同争论有可能带来更好的决定。只听取政府方面的意见会让法官缺乏对反对意见的研究和了解。

我们建议，国会应当创设公共利益倡导者一职，其有权干预对引起此类问题的事情进行干预。公共利益倡导者的首要任务就是代表隐私权和公民自由权可能受到威胁的人的利益。倡导者可能由外国情报监视法庭法官邀请参与。此外，由于法官不可能一直重视事先对抗制诉讼程序，我们建议倡导者接收有关外国情报监视法庭相关申请的备案信息，以使其主动介入他自己的倡议(也就是，在没有外国情报监视法庭法官邀请的情况下)。

倡导者应当被安置在哪里是一个难题。由于《外国情报监视法案》方面能够引发新奇或有争议问题的申请的数量可能很小，倡导者可能发现自己能做的事情很少。因此，赋予倡导者其他一些责任无疑是明智的。一种可能是，使倡导者成为公民自由与隐私保护委员会的工作人员，使其承担其他责任，并向其提供有关情报机构运转的相关知识。该方法的一个缺点就在于委员会拥有多重角色，公共利益倡导者的出现可能引发利益冲突。另一种可能是将公共利益倡导者的责任外包给法律事务所或者公共利益团体相当长的时间，从而使其律师获得必要的审查许可和有关情报机构的连贯知识。[166] 根据前一种方法，倡导者由公民自由与隐私保护委员会从其员工中指定；按照后一种方法，公民自由与隐私保护委员会应对委派外部律师团队的相关流程予以监督。

（2）**增强技术能力**。外国情报监视法庭最近发布的观点反映了其所面临的很多问题的技术复杂性。比如，涉及第215条款和702条款的合规问题，以及外国情报监视法庭拥有专业人员进行监督的重要性等。

与其主要依靠律师竭尽全力解决这些问题，外国情报监视法庭应当号召相对独立的技术专家参与，他们通过适宜的审查，不需向国家安全局或司法部进行报告。一方面，外国情报监视法庭可以任用由法院任命的专家；另一方面，也可任用在公民自由与隐私保护委员会工作的技术专家。

（3）**透明度**。美国政府应当重新审视外国情报监视法庭及其上诉机构——外国情报监视复议法庭(Foreign Intelligence Surveillance Court of Review, FISC-R）——的相关流程，包括其所通过决议哪些需接受解密审查，并决定是否实施更加坚决和严格的解密审查以提高透明度。

依据奥巴马总统于2009年12月29日发布的第13526号行政命令第一款，外国情报监视法庭的大多数命令和文件均被定为“机密”或“绝密”。在该行政命令之下，涉密国家安全信息要接受自定密起满25年的自动解密审查。

根据司法部2012年11月的《自动解密指南》，“《外国情报监视法案》档案”[167]25年后由总统国家安全事务助理(Assistant to the President for National Security Affairs）于2006年10月5日批准的“系列文件豁免”免除自动解密审查。这些记录自产生之日起50年内一直免受自动解密审查。因此，这些可能对外国情报监视法庭如何阐释法律具有深远的影响的决议并不为公众所知。

法规这一概念需要高度透明。透明度促进问责制。正如路易斯·布兰戴斯法官所指出的，阳光是“最好的消毒剂”[168]。透明度缺失就会滋生混乱、怀疑和不信任。在我们的体制中，司法程序一般向公众开放，司法意见可供公众监督和检查。事实上，国家情报总监办公室于2013年解密了相当数量的外国情报监视法庭的司法意见，从而作出维持透明度的收益大于其对国家安全造成的风险的判断。

当然，保密是切实需要的，尤其是涉及涉密材料的情况下。当外国情报监视法庭处理此类材料时，将其公开是有法律限制的。但是为推进法治，外国情报监视法庭的司法意见或者适宜情况下经过编辑的司法意见都应当及时公开，除非该意见的保密对涉密项目的效力至关重要。

（4）外国情报监视法庭的人员选任和组成。依据《外国情报监视法案》，外国情报监视法庭的法官由美国首席大法官（Chief Justice of the United States）选任。理论上，这种选任方法优势明显。任命权集中于一人可以使选任程序更有序和有组织，但是对此也有两种合理的批评意见。

第一种涉及赋予单个人（甚至首席大法官）选任重要法庭的所有成员的权力存在潜在风险。第二种涉及当前外国情报监视法庭 11 名由首席大法官任命的法官中，其中 10 名都被共和党总统任命为联邦法院法官。尽管法官一职必须遵守法律，不作政治判断，但共和党任命的法官与民主党任命的法官对待某些问题有时会持不同意见，包括涉及隐私、公民自由和国家安全诉求的问题等。因此，有理由担忧，目前无论共和党还是民主党任命的外国情报监视法庭的法官在数量上都是不成比例的。

应对这种担忧，有几种方式。我们建议，将任命权分配给巡回法官。这样的话，最高法院的每个成员将有权从其管辖的巡回法院中为外国情报监视法庭选任一或两名成员。这种方法的优势在于可在最高法院的九名成员中平分任命权，并以此降低任命权集中于一人带来的风险。

第七章　全球通信技术：推进繁荣、安全、开放的网络世界

一、简介

美国政策的一个重要目标就是促进现代通信和网络的繁荣、安全和开放。本章将重点讨论，如何在与美国政策的其他目标保持一致的同时实现该目标。

2011 年，奥巴马政府发布一份重要报告：《网络空间国际战略：网络世界的繁荣、安全与开放》。在介绍该报告的序言中，奥巴马写道："该战略不仅描绘了未来网络空间的设想，还提出实现这一设想的日程表。该战略向国内外的合作伙伴阐述了我们的政策重点，并说明如何才能共同维护网络空间的特性，并减少我们所面临的威胁。"该战略确定了总体目标："美国将在国际范围内不断努力，推进开放、彼此协作、安全、可靠的信息和通信基础设施，从而支持国际贸易和商业的发展，加强国际安全，并促进自由表意权和创新发展。"

我们认为这是一个极为重要的目标，并且与合理的风险管理直接相关。在本章中，我们提供一系列建议以促进这一目标，并在此过程中保护与自由网络相关的核心价值观。

二、背景：贸易、网络自由与其他目标

美国对于推进开放、彼此协作、安全、可靠的信息和通信基础设施持有强烈的兴趣。在此，我们对国际贸易、经济增长和网络自由展开集中讨论。

在该报告中，我们强调了风险管理办法的必要性，以平衡必要的情报收集与其潜在的负面影响。本章讨论的主题中，美国主要的政策目标正面临被有关监控的报告削弱的风险。我们认真考虑了采取何种措施可以最好地实现构建全球通信结构的这些目标。

1. 国际贸易与经济增长

美国一直致力于提高国际经济竞争力，改善国际贸易体系，实现经济增长。国际贸易规则对网上普遍的国际商业行为至关重要，对其他涉及国际贸易的部门也是如此。自由贸易协议有助于经济增长。遗憾的是，外国方面对美国监控的担忧对这些目标的实现造成了威胁。

例如，跨大西洋贸易与投资伙伴协议(Transatlantic Trade and Investment Partnership，TTIP）就有可能受到近期监控被披露事件的潜在影响。跨大西洋贸易与投资伙伴协议首轮谈判于2013年启动，作为一项雄心勃勃、全面、高水平的贸易与投资协议，其旨在减少贸易关税、提高服务贸易的市场准入并解决其他各种贸易壁垒。[169]但是欧盟官方对监控表示强烈关注，并在欧盟议会外交事务委员会(EU Parliament Committee on Foreign Affairs）的声明中指出：“由于国家安全局大规模的监控以及数据隐私补救的缺失，跨大西洋伙伴关系的信任受到严重挫伤，且跨大西洋经济关系也面临危险。”[170]

欧盟官方就是否继续现有的安全港协议(Safe Harbor Agreement）以向美国转移个人信息也表达了类似怀疑。依据该协议，公司能够受到欧盟更严格的隐私法的保护。[171]尽管对此类协议究竟会造成什么影响目前

还不甚清楚，但这些声明均显示了情报收集决议与国际贸易协商之间的联系。

对美国监控的担忧会对美国贸易在云计算和其他网络活动方面造成何种影响已经引起特别关注。企业的公共云计算市场增长迅速。到 2016 年，估计每年会达到 2070 亿美元，是 2012 年水平的两倍还要多。[172] 因此，云计算供应商不仅要维持住现有顾客，还要招募新的顾客来保持市场份额。随着媒体对美国监控的报道，有两项研究对美国云计算供应商在销售上的巨大损失作了估计。损失产生的主要原因在于境外对美国供应者自身安全所持的担忧，以及其他国家可能采取法律措施以限制使用美国云供应商。[173] 美国的信息技术公司和贸易协会对此表示强烈担忧，惧怕中国、欧盟各国和其他竞争对手借助监控信息的披露来促进他们对美国的产品出口。

由对美国监控的担忧所引发的对贸易和经济竞争所产生的负面影响，有可能反过来对美国总体经济增长产生不利影响。最近几年，信息技术部门已经成为创新和增长的主要来源。国外对美国监控的担忧将直接减少美国技术公司的市场份额，并且还将间接影响贸易保护主义措施。处理好对美国政府监控的担忧将增强美国信息技术部门的信心，从而促进美国经济增长。

2. 网络自由

美国的网络自由政策试图保护和扩展网络，使其成为可以发表自由言论、进行组织和互动、从事商业活动的全球范围的开放空间。近年来，美国一直强调将网络自由作为其政策的重要目标，包括成功推动 2012 年第一次联合国决议，确保民众在互联网上的人权必须与其在现实世界一样受到保护。美国与荷兰外交部一道建立自由在线联盟(Freedom Online Coalition)，目前其成员包括 5 个地区的 21 个政府，均致力于协调外交事务以促进网络自由。该联盟力图拓宽对互联网普遍人权以及互联网治理的包容性、多方利益相关者模式的支持。

美国网络自由政策的中心主题一直都是防止入侵监控和约束。美国政府公开反对逮捕或指控阿塞拜疆、古巴、埃及、埃塞俄比亚、伊朗、俄罗斯、沙特阿拉伯、泰国、委内瑞拉、越南等国的博主和网络活动人士。奥巴马总统和国务卿曾公开批评限制性的网络立法，这些立法旨在强迫公司在审查和监控用户上进行合作，从而抑制言论，方便进行指控。2008 年以来，美国国务院和国际开发署(Agency for International Development) 在项目上投资超过 1 亿美元，以使人权活动分子和博主在网络上自由安全地行使自身权利，这些项目包括使用强加密和其他反审查工具等。

对美国监控的披露已危及美国的网络自由进程。很多先前因过度监控而被美国批评的国家纷纷指责美国的虚伪。在我们看来，这些指控缺乏力量。附录 C 显示，美国所实施的监控受制于多个部门的监督，而且基于美国宪法的第一修正案保护措施是抵御审查和政治镇压的有效壁垒。然而，有关美国监控的报告很显然使向国际世界解释其主要区别愈加困难。正如我们该报告中反复强调的，公众信任极其重要。

3. 互联网治理与本地化要求

美国大力支持以颇具包容性的多利益相关者模式进行互联网治理，从而保持和扩大全球可互操作的、开放的、安全的网络架构，以供所有人访问。这一多利益相关者办法包括工业、政府、民间团体、学术机构、技术专家以及其他机构和个人的投入。该方法强调了互相操作的和安全的技术标准的主导地位，而这些标准经由技术专家帮忙选出。

另一种与之相对的模式为俄罗斯和很多其他国家所青睐，它将互联网治理置于联合国和国际电信联盟(International Telecommunications Union) 的保护之下。这一模式将以其他利益相关者为代价转而加强政府对互联网治理决策的影响，并且将使国家对互联网内容和通信的控制更加合法化。尤其是，该模式可能支持大量本地化的要求，例如，国家法律要求服务器实体必须位于一个国家内或者限制跨境数据传输。

媒体对美国监控的披露给网络通信本地化要求的支持者壮了胆。巴西、印度尼西亚和越南曾提议，在特定国家电子邮件和其他互联网通信应当在本地进行存储。尽管在很多互联网治理问题上都倾向于采用多利益相关者模式，但是欧盟也转而支持本地化要求。2013 年下半年，欧盟议会投票赞成限制国际数据流的提案；相关条款将禁止响应合法的政府要求，无论来自美国法院还是政府都不例外，直到类似记录的发布经由欧盟数据保护机构同意。

公众讨论指出，支持此类本地化要求可能存在如下动机，包括：(1) 对于在美国境内本国公民的记录将被如何对待的担忧；(2) 对本地云计算供应商和其他信息技术公司的支持，以减少美国供应商的市场份额；(3) 以本地化强调对美国情报实践的关注，并为美国政策可能的改变提供杠杆。无论出于怎样的动机，有关美国监控的新闻报道都对美国倾向于采用多方利益相关者模式进行互联网治理的长期政策和其反对本地化要求提出了新的挑战。

三、增强安全性和用户信心的技术措施

建议 29

我们建议，在加密方面，美国政府应当：

(1) 全力支持并不遗余力地建立加密标准；

(2) 不以任何方式颠覆、破坏、削弱或攻击普遍使用的商业软件；

(3) 加大加密的使用力度并促使美国公司参照执行，从而更好地保护传输中数据、静态数据、云端数据以及其他存储数据。

加密可谓网络信任的重要基础之一；此种信任缺失，则有价值的通

信也变得不可能。为了使整个系统运行良好，加密软件本身必须可靠。加密用户必须保持适当信心，只有他们指定的人才有权解密其数据。

为了保护数据安全而使用可靠的加密软件对很多部门和组织至关重要，包括美国和世界范围内的金融服务、医药与保健、研究与开发以及其他关键基础设施等。加密技术的使用使得信息技术系统用户相信自身数据——包括其金融交易信息——将不会被篡改或窃取。与加密相关的软件，包括广泛使用的安全套接层(Secure Sockets Layer，SSL）和公钥基础设施(Public Key Infrastructure，PKI)，对网络商务和用户身份验证来讲非常重要，是当前通信网络基础的一部分。事实上，鉴于网络犯罪和网络知识产权剽窃大幅增加，应大幅扩展加密的使用力度，以保护传输中数据以及网络静态数据、存储数据、云端数据。

我们知道最近有人指控美国政府故意在商用软件中引入“后门”，使解密看似安全的软件成为可能。此外，一些人对此类“后门”可被犯罪集团和其他政府发现和使用表示了担忧。因此，如今的一些商用软件并不值得信任。

然而，经审查发现，我们并未意识到由美国政府方面造成的一般商用软件的脆弱性，这使得用户面临被黑客攻击或被外国政府解密数据的风险。此外，绝大多数广泛使用的商用加密软件并不存在脆弱性或“后门”，这使美国政府或其他人获得未经授权的访问成为可能。[174]

尽管如此，在信息技术的基础上采取强有力的措施以增强信任是很重要的。建议 32 旨在具体描述相关措施，其重点在于保持加密标准及生成软件的信任。尽管国家安全局已明确表示没有从事过并且现在也没有在从事以下所列活动，但是美国政府也应当对此确认：

- 国家安全局不会出于保护全球商业的需要而在加密算法中设计缺陷；
- 美国不会根据工业间谍公司的条款为美国公司提供竞争优势；
- 国家安全局不会要求任何供应商以破坏产品的安全和完整为由对任何

产品作相应改变，或者通过产品用户减轻国家安全局秘密收集信息的难度；

• 国家安全局不会将加密通信作为回避保存期限的方法。

尽管出于密码分析的目的，国家安全局有权无限期保存加密数据，例如，对于民族国家或恐怖组织的加密系统，国家安全局不应存储一般商用加密数据，如虚拟专用网络(Virtual Private Network, VPN）或SSL数据。如果国家安全局能够在数据收集多年后对其解密，则解密后数据应发送至分析存储设备，以适用标准保持、最小化和报告制度，包括美国个人数据最小化，以及禁止使用超出授权保存期限的数据等。

建议30

我们建议，国家安全委员会工作人员应当采用跨部门程序定期审查美国政府利用电脑应用程序和系统潜在漏洞而发起的攻击活动。它们通常被称作“零时攻击”，因为开发者都来不及解决和修补漏洞。美国有关政策应作出相应改变以确保迅速阻止零时攻击，从而使美国政府和其他网络的潜在漏洞得以修补。个别情况下，在对所有相关部门进行高级别跨部门审查后，美国政策规定可能会短暂授权在高优先级情报收集活动中使用零时攻击。

国家安全局与其他美国政府机构，如国土安全部，肩负帮助美国公司保护私人所有和正在运转的关键基础设施信息网络的重要任务。为此，国家安全局、国土安全部和其他机构应当识别关键基础设施中广泛应用的软件的缺陷，然后尽快消除。然而，防护责任有时可能与情报收集任务相冲突，特别是就“零时攻击”而言。

“零时攻击”即利用先前不为人知的电脑程序或系统的软件缺陷——开发者或系统所有者来不及解决和修补漏洞。此类软件攻击技术未被使用或未曾见过，网络攻击者得以进入系统或达成其他恶意目标。

在大多数情况下，对于广泛使用的密码来说，与其利用它们进行情报收集，不如尽力消除软件漏洞，这样更符合国家利益。消除(修补）漏洞能够加强美国政府、关键基础设施及其他电脑系统的安全。

我们建议，当一项紧急重要的国家安全优先事项能够使用零时攻击加以解决时，美国政府的相关部门可被短暂授权使用零时攻击来取代快速修补潜在漏洞。在批准使用零时攻击而非修补漏洞之前，应当通过高级别跨部门审查进行风险管理。国家安全参谋部应通过定期审查对该流程进行管理。与此相关的办公室和部门，包括国家经济委员会、州、国务院、商务部、能源部国土安全部等，均应参与其中。

四、网络空间的制度措施

建议 31

我们建议，美国应当支持在国际准则或国际协定中设置有助于增强网络通信安全信心的特定措施。具体措施如下：

(1) 政府不应通过监控窃取工业秘密从而使其国内工业获益；

(2) 政府不应发动网络攻击改变金融账户的数额或企图控制金融系统；

(3) 政府应当提升有关执法数量、类型以及对通信供应商所提要求的透明度；

(4) 如果没有具体切实的理由，政府应避免以下本地化要求：(a) 服务器和其他信息技术设备的托管位置；(b) 阻止跨境数据流。

美国政府应当鼓励其他国家采取具体措施以限制其自身情报活动可能引发的负面影响，同时增强公众信任和用户对网络通信安全的信心。为此相关准则或协定的制定可能是颇有意义的。

我们建议考虑采取一系列具体措施。第一，政府不应通过监控窃取工业秘密从而使其国内工业获益。基于各种理由，比如促进反洗钱、反腐败和其他法律规定，以及国际社会有关特定国家经济制裁的决议的遵守等，监控可能被用于国内外一些公司。然而，此类监控的目的不应当是使政府得以支持其国内产业。支持反对此类经济间谍活动和竞争的国际准则将有利于促进经济增长、保护知识产权的投入和创新以及减少为保护民族国家免受网络攻击而带来的改革者的相关费用支出。

第二，政府应避免进入金融机构系统或改变金融账户的数额。避免金融机构篡改账户余额是美国禁止操纵金融系统政策的一部分。这些政策使得各方信任金融结算的准确性，而无须下大力气再次确认账户余额，从而促进经济增长。此类攻击可能会对金融市场带来严重不确定性，并会引发针对该国此种行为的反攻不断升级。美国政府应当将此项政策确定为一项国际准则，并将其引入自由贸易或其他国际协定。

第三，政府应增强针对其他国家通信供应商所提要求的透明度。在该报告中，我们讨论了此种透明度的重要性，并建议加大供应商和美国政府报告力度。有关此类要求的数量、性质公开透明可以有效避免对合法访问的滥用。维持高度透明还能够增强人们对互联网通信安全的信任，并减少政府在用户不知情的情况下大规模使用私人通信记录的风险。将此类条款加入自由贸易协定或其他国际协定等将扩大美国高度透明政策的积极影响。

第四，我们支持国际社会限制本地化要求，除非本地化基于相对具体且令人信服的理由。全球互操作是互联网的一个基本技术特点；数据从某一用户传输至下一个用户主要基于技术而非国家边界。国家干预上述体系需要进行大量技术变革，并且耗资巨大。分裂的互联网，有时也称碎片网，将极大地损害经济、政治、文化和现代通信技术的利益。美国政府应当与其同盟一道降低对互联网强加本地化规则的不利影响。

建议 32

我们建议，增设助理国务卿一职，具体负责国际信息技术事务的相关外交问题。

随着近期有关美国政府情报收集的披露、缪传和争论，在大量与信息技术相关的问题上，更加需要有力的、协调的、高水平的外交政策。我们认为，美国应当率先提议在多国间就《网络空间的国际规范》（Internet Norms for Cyberspace）达成协定，例如禁止工业间谍活动、保护金融服务和市场数据标准等。为此，我们建议依据《布达佩斯网络犯罪公约》（Budapest Convention on Cyber Crime）通过美国外交议程以推动建立国际网络安全信心的相关措施。互联网自由议程(Internet Freedom Agenda）的推进、网络空间知识产权的保护、互联网治理的变革和总统网络空间国际战略(President's International Cyber Strategy）的实施，以上这些都需要美国采取相对灵活的外交活动。

现在，既没有专职的高级外交官，也没有国务院相关局在这些问题上担负主要责任。正如过去，通过设立助理国务卿一职位和国务院局级办事机构(如国际毒品管制局、环境事务局、反恐局、人权局等)，许多其他国际性、非区域性功能问题得以解决，如今创建由参议院批准、由有经验的高级外交官担任助理国务卿领导的互联网与网络空间事务局，无疑将有助于维护美国的利益。助理国务卿将在这些问题上协调区域性和功能性部门的活动，并在国家安全参谋部的支持下，与其他国家政府协调跨机构活动。

建议 33

我们建议，作为国际信息技术事务外交议程的一部分，美国应当提倡并合理说明所有利益相关者而非只是政府的互联网治理模式。

美国政府应当继续强化其关于全球治理模式的主张，即应涵盖所有利益相关者，而不只是各国政府。该建议基于政府所发布的2011年网络空间国际战略，概括了美国政府关于全球通信技术的多个目标。它既指出保护国家安全的需要，也强调了经济增长、开放、隐私保护和安全通信基础设施的重要性。其他政府倡议同样强调了网络通信的多个政策目标的重要性，例如，国务院在互联网自由议程上所做的努力以及商务部在《消费者隐私权法案》（Consumer Privacy Bill of Rights）上的不断努力。

作为与通信技术相关政策整体讨论的一部分，我们认为美国政府应重申互联网治理不能只限定在政府，还应包括所有利益相关者。囊括此类利益相关者——包括民间社会、工业从业者和技术专家——对于整个流程从广泛的信息中获益并降低偏见或偏袒的风险是很重要的。

我们意识到治理方法上的一些改变可能会很好地反映通信实践的变化。例如，此时可能适合密切关注美国与管理域名系统的组织——国际互联网名称与数字地址分配机构的独特关系。当前，美国所扮演的角色仍是互联网早期历史的结果，对于当今进行互联网治理的一系列利益相关者来说可能并不合适。然而，美国政府及其同盟应当继续反对将互联网治理转移至类似国际电信联盟(International Telecommunications Union）这样的论坛，因为此时民族国家将主导整个流程，而将其他人排除在外。我们认为此类管理转移会对网络通信的繁荣、安全和开放造成威胁。

建议34

我们建议，美国政府应当简化获得电子通信信息的合法国际要求的程序，其一般通过《司法互助协定》发起。

美国一直努力改善事关重大的信息技术问题的国际合作，但效果不甚理想，因为当其他国家向我们申请援助来处理源自美国的网络犯罪时，司法部无法为其提供足够的支持。也即，司法部对《司法互助协定》的支持程度严重不足。

《司法互助协定》流程本质上允许一国获取其他国家所持有的电子通信和其他记录。例如，美国以外国家可能获取美国境内网络电子邮件供应商持有的邮件。根据《电子通信隐私法案》，美国的供应商只能通过必要的法律程序来移交电子邮件内容，尤其需要提供犯罪产生的可能原因。

《司法互助协定》流程为美国以外国家获取电子邮件记录建立了一套合法机制，但是太过缓慢和烦琐。一般申请平均需要大约10个月才能完成，有些则需要更长时间。非美国政府在进行合法调查中获取这些记录时可能面临令人沮丧的延迟。这些延迟便是为获取其他国家电子邮件和其他记录制定新法律的理由，从而导致了前面讨论的本地化法律的不良趋势。

我们认为，应当简化美国境内《司法互助协定》流程，从而更迅速地对国外的合法申请，作出回应，并彰显美国建立符合国际社会目标的完善的互联网的承诺。具体改革措施包括：

（1）**增加司法部专职处理《司法互助协定》申请的人力物力等**。尽管以《司法互助协定》申请为主题的国际电子通信大量增加，司法部国际事务办公室(The Office of International Affairs, OIA）的资金却与之前持平或进行削减。

（2）**为《司法互助协定》创建在线提交表单**。当前并没有为外国政府使用《司法互助协定》流程而提供在线表单。创建在线提交流程且为外国政府提供有关《司法互助协定》申请的明确信息，将会让各国政府更易了解依据可能原因标准或其他法律的相关要求。

（3）**简化流程的相关步骤**。按照当前体系，司法部国际事务办公室先受理申请，然后将其转发给记录所在地区的联邦检察官。然后，联邦检察官办公室对申请进行再次审查，并处理受制于办公室其他优先事项的请求。司法部应当探索建立单一联络点以加快处理《司法互助协定》的申请。

（4）**对提供国外记录的规定进行简化**。按照当前体系，供应商发送记录到司法部，再由司法部转发至申请国。可以对此进行简化，允许供应商直接将记录发送至申请国，并通知司法部其发送的内容。

（5）**在全球范围内推广使用《司法互助协定》，并彰显美国政府创建有效流程的承诺**。技术变革急剧增加了美国以外政府合法获得美国持有的记录的重要性。网络电子邮件供应商大多将总部设在美国，现在电子邮件安全解密的使用意味着其他政府通常无法拦截或阅读用户与服务器之间的邮件。美国支持持续使用互联网高效创新技术，包括使用领先的电子邮件供应商，这无疑符合美国利益。美国政府可以通过宣传和支持现有的运转良好的《司法互助协定》流程来促进这一利益的实现，从而减少潜在不利的本地化措施。

五、应对未来的技术挑战

本章前面已解决目前已知涉及美国情报和通信技术政策的问题。然而，通信技术将会继续快速变革，为应对此类改变，体制机制应设置到位。

建议 35

我们建议，针对通信大数据和数据挖掘项目，美国政府应当实施隐私与公民自由影响评估，以确保其在统计上可靠、有成本效益且能保护隐私与公民自由。

我们认为，进行新项目或对包含大量个人身份信息项目作实质修改时，情报部门应当实施隐私与公民自由影响评估程序。根据 2002 年《电子政务法案》，联邦机构被要求对新的或进行实质修改的信息技术系统实施隐私影响评估，目的是在此类系统购买之初就鼓励将隐私问题纳入考虑。

其中的一个重点是可能构成多重系统的涉及广泛的项目。在进行项目评估时，其目标应比通常的隐私影响评估范围更广泛，也更基于政策。例如，某一项目被意外公开，政策官员应当明确考虑其成本和收益。有些情况下，此种考虑可能导致对项目进行必要修改，甚至可能决定不再推进此项目。[175]

建议 36

我们建议，为进一步促进通信技术发展，美国应当安排专业技术人员对各个项目进行审查，并由公民自由与隐私保护委员会或其他机构评估和回应新出现的隐私和公民自由问题。

信息收集和通信技术不断快速发展，美国政府应当采用能够评估和响应新出现问题的机制。为有效实现，经过必要审查的专业技术人员必须深入参与这一过程。[176]

我们建议，应在公民自由与隐私保护委员会设立技术评估办公室，以评估情报机构项目对隐私和公民自由的影响。该办公室充足的资金预算，应当部分用于情报机构某些成本高昂且技术复杂项目的政策制定和监督管理。[177]

第八章　情报收集保护策略

美国选择收集或存储的情报和敏感信息应当受到严格保护，以防内部威胁(Insider Threat)或外部攻击(External Hack)。此种保护要求对人员审查新增风险管理方法、改变涉密网络的理念，并且对高度安全的私营部门网络采用最佳商务惯例。

我们在本章中将涉及整个政府而不仅仅是情报部门的人员安全审查和涉密网络。我们认为，这一范围扩大是必要的。此外，我们还注意到，以前的审查均被限制在情报部门。一般情况下，我们认为，对于私营部门承包商和处理机密级、绝密级秘密的网络，均适用接受安全审查的政府雇员和涉密网络的相同标准。

一、人员和安全审查

建议 37

我们建议，美国政府应当逐步转变制度，与人员安全调查相关的背景调查仅可由美国政府雇员或者非营利私营企业进行。

建议 38

我们建议，对接触涉密信息人员应当进行持续而非周期性的审查。应当采用人员持续监控标准，整合从内部威胁项目和商业渠道获取的数据，并且注意信用评级、逮捕或法院审理等情况的变化。

建议 39

我们建议，安全审查应当作高度区分，包括创建“访问管理”审查，以准许支持人员和信息技术人员访问所需信息，而不致接触大量政策或情报材料。

建议 40

我们建议，美国政府应当建立一个示范项目，对接受安全审查人员进行访问评分，得分依据即其所访问信息的敏感程度，以及其所接触特殊访问项目的数量、所接受隔离材料审查的敏感程度。此外，该访问评分应当定期更新。

与其他企业一样，政府数据库所存储的信息不断增加。即使只让一个靠不住的人访问部分数据库，也可能对敏感信息造成不可估量的损失。不幸的是，几乎每一拥有敏感信息的机构都经历了这样的重大事件，即一个不忠诚的员工直接或间接地将敏感数据泄露给其他政府或对我们不利的人，由此造成巨大损失。这些事件中牵涉的所有人都是在通过当前的安全审查之后再实施犯罪行为，甚至在一些众所周知的事件中，他们通过测谎之后实施了犯罪。虽然部分情报部门改进了自身的人员审查系统，并且看似运转良好，但美国政府的人员审查系统总体而言是表现不足的。

我们认为，当前大多数联邦部门和机构的人员安全审查的实践是昂贵且耗时的，并且往往不能及时可靠地发现潜在的滥用行为。

安全审查系统应当具备极低的误报率(当某人应被拒绝时却被授予或者维持许可)。同时，访问敏感信息应当详细记录(例如有权访问人员、访问内容、何时访问)。审查程序的性质和程度应当定期调整，并且与其所访问信息的敏感程度密切相关。

1. 当前的系统如何工作

安全审查主要有三个级别(秘密级、机密级、绝密级)。对于任一级别，人事审查系统的基本原则都是相似的。申请人被要求提供 20 个或更多联系人的名字，调查者会试图与申请人所提供的联系人会面。在许多机构中，调查者通常是一名私营公司的员工，其工资由他完成的调查数量决定。

如果调查者无法亲自会见联系人，则某些情况下他们会进行电话会谈。在许多机构中，调查者在与所有联系人展开讨论之前会告知他们，由于隐私法的要求，他们所说的关于申请人的一切记录都可以被申请人看到。不足为奇的是，很少有联系人会提供有关申请人的不利信息，尤其是他们知道自己的说辞可能会被透露给朋友或熟人。

除申请人所建议的联系人之外，调查者还被要求扩展受访者。通常，调查者会向居住在相邻公寓或住宅的邻居了解情况。然而，邻居之间日益变得并不熟悉。网络好友有时可能比现实的邻居更熟知一个人。

作为初始安全审查的一部分，调查人员也可以访问一些公用和商用的数据库。此类数据库审查很大程度上用于证实申请人在冗长的调查表中所提供的信息。机构可能需要完成财务申报表，以披露申请人的财务健康状况和财产情况(尽管这些申报通常未经核实)。一些机构需要在绝密级审查中使用测谎仪。一旦通过审查，机密级只需要 10 年更新一次，绝密级则要每 5 年更新一次。审查更新期间可能会随机进行药物使用测试和测谎仪测试。

许多机构现行的人员审查系统在被审查个人获得安全许可之后的监测变化方面做得不是很好。在大多数机构中，如果一名被审查人员刚刚被卷入破产、酒后驾驶被捕、前往潜在的敌对国家或者因为某些诸如“基地”组织的原因而变得激进，安全审查项目办公室可能并不知情。

一旦由于需要完成部分工作而获得一定级别的安全许可，员工通常可以阅读在该密级下的其他材料，而不管与其工作是否相关。然而，一些敏感项目或敏感情报收集项目(compartments，隔离区）需要控制传播(bigot lists, 选择名单)。有时，访问这些项目可能只是基于工作需要，而不可能引发更新的或更进一步的人员背景资料审查。

依照现在的系统，用于限制数据访问的特殊隔离访问项目，通常是由收集信息的方式引起的，而非信息的内容、收集的目标或未经授权披露目标或内容而带来的损害。

2. 系统可能的改进措施

要提高人员审查系统的效力，可能需在以下方面作出改变。

第一，在与实际约束一致的基础上，机构和部门的方向应当转至减少或终止使用“营利性”公司进行人员调查。当某一公司的酬劳取决于项目完成情况，就会不当激励其快速完成调查。对于不能对自身政府雇员进行审查的机构，应当考虑仿照联邦政府资助的研究与发展中心(Federally Funded Research and Development Centers，FFRDC）创建非营利实体，如RAND和MITRE，以从事背景调查以及改进方法等。我们建议在不久的将来即推出此方面的可行性研究。

第二，安全审查水平应当进一步区分，如此，不需要访问网络实质数据的管理和技术人员将被授予受限的访问权限和安全许可，从而允许他们完成自己的工作而不致接触敏感材料。

第三，信息应当作更多的限制处理，其依据不仅在于收集方法，也在于可能造成的损害。

第四，部门和机构应当建立与工作相关访问方法用于敏感和涉密信息的传播。在不削弱机构间信息共享的同时，政府应当对因工作需要确需访问信息的人员访问数据进行限制。通常，专注非洲的分析师不需要研究拉丁美洲的敏感信息。然而，在如今的信息共享系统下，此类“有趣但并非必需”的数据正被广泛传输给那些并不真正需要的人。

要实施此种与工作相关访问，就需要更多地使用信息权限管理（Information Rights Management, IRM）软件。也就是，在实践中广泛运用而不仅限于购买。这可能还需要明显改善此种软件的工艺水平，我们将在稍后进行讨论。

第五，我们认为，经过初始审查之后，所有人员访问涉密信息都应当纳入人员持续监控项目(Personnel Continuous Monitoring Program，PCMP)。此项目将可以访问内部和商用信息中的可用部分，如信用评分、法庭判决、交通违规记录以及其他被捕记录等。此外，此项目还包括从内部威胁软件中提取的异常信息的使用。当任何这些信息的来源出现一定问题，所涉及人员将依据现行员工权利和指导原则重新接受询问或进一步审查。

第六，正在接受安全审查人员应当使用风险管理方法，并由其所访问项目和信息的敏感程度和数量来决定。

我们建议对访问评分项目进行试点，并进一步筛选高分人员。例如，每一接受安全审查人员将会给予一个定期更新的访问得分，分数变化则取决于其所接触特殊访问项目或隔离材料的数量、敏感程度，以及此类信息可能造成的损害。

很重要的一点是，访问评分不仅来自个人所在机构授予的访问权限，还有个人被委任的情报项目清单，以及个人被国防部、能源部、国土安全部和其他部门授予访问的限制性项目。

个人访问得分越高，就会面临更多的背景调查。更高的分数要求更频繁的审查，其审查时间间隔比5年(绝密级）和10年(机密级）标准更短。在某一特定的访问得分级别，人员应当被纳入额外的监控程序。我们承认，此种项目会被某些选择在自愿的基础上处理高度敏感信息以保护国家利益的联邦官员和承包商认为是侵犯隐私。但是，在政府部门工作并不意味着访问特殊情报或特殊涉密项目是一种必然权利。任职于被赋予极大信任和责任的岗位势必有很多限制，包括一定程度隐私的缺失。在我们看来，此类限制的程度应当由所提供安全访问的数量和敏感程度决定。

我们认为，那些拥有最大量级敏感项目和信息访问权限的人应当在之前提到的人员持续监控之外接受额外监控。常规的人员持续监控审查将持续引用来自商用数据源中的数据，如财务数据、诉讼程序、可用于信用评分以及汽车保险公司的驾驶活动等。政府提供的信息也有可能被加入数据库，如公开可用的有关逮捕的信息以及海关与边防巡逻所收集的有关国外旅行的数据。

访问评分极高的人可能会被要求准许政府通过更多的额外监控项目对其进行审查，包括随机调查与个人相关的元数据、家庭通话记录、电子邮件、在线社交媒体的使用情况以及网络浏览记录等。此外，还有可能审计和核实他们所提交的财务申报表。

数据分析项目将用于通过额外监督项目持续提供的信息，来决定额外的审查是否合理相关。通常情况下，任何一条由额外监控项目获取的信息都不能确定某人是否适合特殊访问。此种审查只可能通过询问所涉及的个人来获得解释，或联系其管理者上司，再者启动更严厉的审查。例如，破产和酒后驾驶被捕可能表明某人正处于压力之下，就有必要对其是否适合访问敏感项目进行审查。如果某人未能按要求报告国外旅行，也可能引发更进一步的调查。通过大数据分析扫描发现员工进行的“工作之外的活动”，则很有可能被政府通过计算机和数据库进行额外监督。我们强调对于有特殊访问权限的员工不能剥夺其权利，或使其承受卡夫卡式的诉讼。对于自愿加入持续监控项目的员工，他们必须知道自己将来有机会解释可能被数据审查标记的活动。

我们注意到随着近来安全违规事件的增多，许多机构正在考虑广泛使用测谎仪。关于测谎的效力有许多不同观点，但毫无争议的是它不可能是一个连续的过程，即不能揭示测谎完成后所发生的事件。人员持续监控项目从商业和政府数据库中持续接收信息，并着重增强数据分析，因此更有可能揭露员工接受安全许可审查之后的状态变化。

第七，安全许可审查程序也应当保护有权访问特殊项目和信息的人的权利。总统还应当确保安全审查状态不受举报人、监察长和国会监督项目的影响(参见附录D)。

现在，约500万人拥有美国政府部门授予的有效的安全许可，其中，近150万是绝密级的。虽然我们无法确定这些数字是否过度，但看起来确实很可观。我们认为，跨部门委员会代表的不仅是情报机构，应当对那么多人需要许可进行详细审查，并研究降低总数的方法。开展此种研究可能会发现，许多秘密级的许可可能需要加以限制。

拥有安全许可的人群 (10/12) [178]	机密 / 秘密级	绝密级
政府雇员	2757333	791200
承包商	582524	483263
其他	167925	135506
小计	3507782	1409969
合计	4917751	

安全许可一旦获批，只有极少数会被撤销。许可失效很多情况主要因为人员退休或者离开政府服务部门或者更换工作。事实上，许多人在离开政府服务管理部门之后通过做兼职顾问或与承包商合作的方式来维持许可。极少数人被撤销许可可能是因为所有机构在初始审查过程中都过于严格，也有很少一部分人在通过初始审查之后又成为安全隐患。相关数据显示，通常每5年进行一次的重新审查，在某些机构可能并没有那么严格。有时初始审查结论被认为是正确的，因为它只检查先前5年所

发生的“新事件”。有时本该每5年进行一次的审查又被延迟。许多机构并未设置有效获取安全更新期间各种重要信息的项目。

人员安全许可被撤销的百分比（2012财政年度）[179]

中央情报局（CIA）	0.4
联邦调查局（FBI）	0.1
国家地理空间情报局（NGA）	0.3
国家侦查局（NRO）	0.5
国家安全局（NSA）	0.3
州（State）	0.1

3．信息共享

建议41

我们建议，应当用“工作相关访问”模式替代“共享必要”或“知悉必要”模式，以确保所有人员均根据自身工作需要访问特定信息，而避免仅仅对此感兴趣的人员轻易获取相关数据。

涉密信息只应当与确有知悉必要的人共享。然而，在隔离区使用范围之外，大量涉密信息被广泛共享给拥有安全许可的人。经分析阻止“9·11”袭击事件的失败原因后得出结论，牵涉其中的个人信息并没有在机构间适当共享。尽管缺乏共享在一定程度上反映了主观的高层决策，然而系统很难在一些机构之间传播信息也导致大量数据不能广泛可用。因此，在袭击事件后，“共享必要”取代了之前的“知悉必要”。

在某些情况下，此种新方法可能偏离初衷太远或者引发大量误解。

“共享必要”主张根据人员工作需要来对此类信息进行分配，而非将涉密信息随意散布给通过安全审查且对此感兴趣的人士。

“共享必要”原则的问题就在于它引发了许多其他风险。与风险管理目标相一致，适当的指导原则应当是信息只共享给确有知悉必要的人。如果许多人在工作中不需要或用不到这些信息，那就没有必要大量增加信息共享的人数。“共享必要”原则可能会危及隐私，提高滥用风险，危及公众信任，并增加内部威胁。

可以肯定的是，将某一机构的记录与另一机构的记录匹配——例如，将在阿富汗收集的炸弹碎片上的指纹与在美国边境口岸收集的指纹进行对比——是我们打击恐怖主义最重要的信息工具之一。此类共享必须继续，但它能够(事实上经常）在机器对机器的基础上进行，并且对哪些人得以访问数据施加严格限制。

值得称道的是，情报部门已经开始采取措施限制访问机密级或涉密信息的人数。我们对此表示支持。我们建议，有关信息共享的重要性的争论应当达成以下共识，即信息不应当与确实没有知悉必要的人共享。

二、网络安全[180]

建议 42

我们建议，包含秘密级和更高级别涉密信息的政府网络，应当使用最好最有效的网络安全硬件、软件和保护程序以保护其免受内部和外部威胁。国家安全顾问以及行政管理和预算办公室主任应当就此标准的实施情况每年向总统进行报告。所有包含涉密数据的网络，包括承包商公司的网络，都应当接受类似 EINSTEIN 3 和 TUTELAGE 的网络持续监控项目的监控，以便记录网络实时流量，随之检查是否存在异常活动、恶意行为和数据破坏等情况。

建议 43

我们建议，总统应当优先提升涉密网络的安全性，尽快全面施行第13587号行政命令。

建议 44

我们建议，国家安全委员会主管委员会应当每年审查美国政府涉密网络的安全状态，提升安全性的项目情况以及正在面临的网络威胁。跨部门“红色团队”应当每年就涉密网络的安全状态向主管委员会报告独立的“第二意见”。

建议 45

我们建议，所有包含涉密信息的美国机构和部门，应当扩展使用软件、硬件和程序来对文件和数据访问加以限制，只有获得专门授权才得以访问。美国政府应当资助发展、获取和广泛使用涉密网络信息权限管理软件来控制涉密数据的传播，也即大力限制涉密网络的访问和使用，并对其进行审计跟踪。

信息技术已经成为政府日常运行和国家安全问题的核心，尤其是政策制定官员更有必要熟悉这门技术。高级官员不能再将对信息技术网络的关切转移至管理人员或行政人员。政策制定官员对其所在组织的信息技术网络负责。他们需要了解系统以及技术专家所提的问题。为此，技术专家应当更多地参与政策制定、决策和监督过程。同样，国家安全政策制定官员需要花时间详细了解情报部门的各个部分如何工作，特别是信息收集项目如何运转。

在网络战争时代，涉密网络的安全在国家安全层面上属优先考虑事项之一。尽管如此，安全改善情况以及敏感网络的技术防御状况并没有成为跨部门政策制定高级官员常规审查的主题。部门和机构的领导人也没有办法对下属提交的有关涉密网络安全的报告是否正确或完整进行核实。我们建议，国家安全委员会涉密网络安全负责人应当进行年度审查并对程序进行升级。为告知相关负责人，我们同时建议国家安全委员会以及行政管理和预算办公室工作人员率先进行识别问题和潜在缺陷的程序。此外，我们建议创建一个"红色团队"就所有涉密网络的安全漏洞向负责人提供第二意见。

包含涉密信息的政府网络的安全历来都是外向型的。人们总是假定得以访问该网络的人都经过全面审查，因此是可信任和可靠的。

这一观点存在两个错误。其一，正如已被证实的那样，一些人通过绝密级安全审查，却并不值得信任。其二，未经授权人士可以利用已被授权人士的身份访问涉密网络。政府的涉密网络亟须进行内部强化。

除采取措施控制访问网络数据外，增强涉密网络的安全性也很有必要。进行重要技术更新，使用新版不易被攻击的操作系统，采用经私营部门验证的新型安全软件，通过瘦客户端(Thin Client）和气隙(air-gapped）等方法对网络进行重新架构，以上措施都将使美国政府的许多网络受益良多。

所以一些人认为涉密网络本质上是安全的，然而杨基鹿弹(Buckshot Yankee）事件表明，外国势力入侵美国网络传输涉密信息是可能的。正如一些外国势力经常试图入侵美国私营部门网络以窃取知识产权和研究成果，另一些则频繁试图入侵美国的涉密网络。

为提升涉密网络的安全，我们认为至少应当像私营部门的非涉密网络一样最大可能保证内部和外部安全。虽然许多美国公司在网络安全方面有些不足，但在金融服务方面却通过风险管理方法的使用获得较高水平的安全保证。私营公司所使用的代表技术发展水平的网络安全产品，通常并未像我们所认为的那样用于美国政府的涉密网络。

导致以上不足的原因主要有两个：(1）涉密网络管理者历来侧重于

周边网络防御；(2) 政府采购过程太过漫长，并且太专注于大型系统集成商合同，而不会轻易允许灵活采用新型安全产品以应对不断变化的威胁。在我们看来，每个部门和机构的信息技术安全预算和采购流程都应当包括资金预留、快速获取和安装新开发的应对最新威胁的安全产品的程序。应当通过成本—收益分析、成本效益和风险管理的决策过程来对这些系统进行审查并制定采购措施。

1．第 13578 号行政命令

由于认识到提高涉密数据政府网络安全的必要性，美国总统奥巴马发布第 13578 号行政命令以增强涉密网络的安全，使其免受内部威胁。我们发现该命令的实施并不均衡，且过于缓慢。只要它不能有效实施，敏感数据乃至我们的生活就存在风险。在行政管理和预算办公室或国家安全参谋部，跨部门实施监控并没有表现出十足的高水平。政府并未提供充足的资金用于重新规划，在实施方面行动迟缓的官员也没有尽到应有的责任。此外，没有设立相应的中央机构来推动具体实施或分享最佳实践经验和教训。

第 13578 号行政命令的实施，与类似问题即政府为应对千年虫而转换网络形成鲜明对比。千年虫软件升级在第 13073 号行政命令的支持下进行，而该行政命令仅在实施最后期限前 22 个月发布。依据第 13073 号行政命令创建了由总统助理、行政管理和预算办公室主任共同担任主席的跨部门委员会，该委员会每季度向总统进行报告。

我们认为，应当大力加快第 13578 号行政命令的实施，并强制提升其截止期限，同时在部门预算范围内提供足够资金，且指定总统副助理强制其实施。跨部门程序则由行政管理和预算办公室副主任领导。

除以上所讨论的内部威胁防范措施外，我们认为政府涉密网络的安全还可以通过其他措施进行整体提升，并优先考虑以下事项。

• 对所有涉密网络采用持续监测技术，即类似美国政府非涉密网络、某些私营部门系统以及关键基础设施公司正在实施的“爱因斯坦”计划(EINSTEIN-TUTELAGE Program)。

• 在美国政府所有涉密网络设立实时可见的安全运营中心(Security Operations Center, SOC)。现在有许多安全运营中心，但没有一个实现了融合和实时可见性。

• 对从非涉密网络至涉密网络的数据流动施以更加严格的限制。虽然上传的此类数据如今已被扫描，但对其进行检测却几无可能，就像发现零时攻击威胁(也即之前从未见过的恶意软件) 一样困难。

2. 物理和逻辑隔离

我们认为，最具成本效益且能提升包含涉密数据的信息技术网络安全的做法很可能就是通过以下方式创建数据的物理和逻辑隔离，如网络段、加密、身份访问管理、访问数据控制、限制客户端数据存储和“气隙”等。在我们所提建议中，以下措施尤其需要认真考虑。

• 在登录网络时通过防火墙、访问控制列表、多因素(包括生物) 身份验证等方式创建项目飞地(Project Enclaves)。

• 对静态数据和使用中数据进行基于项目的加密。如今，涉密网络的大多数静态数据都未加密(尽管网络和传输中数据是加密的)。对静态和传输中数据进行加密，并与身份访问管理(Identity Access Management, IAM) 和信息权限管理软件相结合，便可以阻止未授权者读取数据，即使他们可以访问数据也无法读取。

• 信息权限管理。对于基于项目的加密文档，为确定和限制访问数据人员权限，应当鼓励相关机构考虑使用信息权限管理软件，以指定什么团体或个人可以读取、转发、编辑、复制、打印或下载某一文档。在某些机构中，信息权限管理也被称作数字权限管理。信息权限管理软件应当与多因素身份访问管理系统相连接，由此管理和技术人员，诸如系统管理员及其他人员等将无法访问数据内容。

• 网络隔离。网络可以实现不同程度的物理隔离，如在一条光纤上使用不同的颜色，使用不同的光纤以及使用不同的物理路径等。在真正的"气隙"中，某一网络与另一网络不对任何物理设备进行共享。有关逻辑隔离，网络可以通过防火墙、访问控制、身份访问管理系统、加密等保持独立。我们认为，所有相关机构都应当运用成本效益分析和风险管理原则进行审查，以确定在包含高敏感项目数据的网络作进一步的物理隔离和逻辑隔离是否可以确保增强安全。

然而，我们发现选择余地很少，身份权限管理软件和内部威胁异常监测软件都不够强大成熟。我们认为，政府应当暂时搁置常规研究、采购原则、进程表等，而快速开发下一代信息管理权限软件和内部威胁软件。然而，在这些领域开发下一代软件却并不能成为不有效利用当前所用软件的借口。

幸运的是，政府本身已经在更强大的信息管理权限软件基础技术方面进行开发。商务部所属美国国家标准与技术研究院(National Institute for Standards and Technology, NIST）已为下一代信息权限管理软件研究创建了一个开源平台。尽快授权私营部门的开发人员访问该平台，并鼓励他们开发自己的系统很有必要。

与许多机构使用的其他软件一样，美国国家标准与技术研究院的开源软件能够阻止从中央服务器下载敏感数据。分析人员可以访问和使用数据，但不得传送。通过该软件，用户可以看到数据，但不能将其下载到客户端、U 盘、CD 或其他媒体。总的来说，我们认为敏感数据应当只在服务器存储，而非客户端。

信息权限管理系统和"仅限服务器存储"政策允许对数据访问进行审计，但是它们一般在数据最初接收至网络或系统时使用数据标签系统。

我们认为，还需要额外做一些工作来使数据控制的此一阶段不那么繁重、复杂或耗时。由政府支持的开发和采购无疑将使数据标签方面的此类问题得以快速解决。

美国国家安全局等部门正在恢复至瘦客户端架构(Thin Client architecture)，许多机构放弃了15至20年前所偏爱的便宜的商用技术(Commercial Off The Shelf) 模型。在瘦客户端结构中，用户在通过身份验证后便可以使用网络上的所有视窗。然而，视窗是由加载到设备的小软件组成的哑终端。所有应用程序和数据都存储在服务器上，这比大量分布式客户端更容易监控和保障安全。我们相信，瘦客户端的使用是一种更有效的保护涉密网络安全的方法，应当广泛使用。

三、成本效益分析和风险管理

建议 46

我们建议，应当使用成本效益分析和风险管理方法，两者均具有前瞻性和追溯力，有助于确定人员安全和网络安全方面所应采取的措施。

在“原则”部分我们已经强调，政府官员在许多领域都要对成本和效益进行仔细分析。在我们看来，前瞻性和追溯力分析都在所讨论范畴发挥着重要作用，尽管它们也面临不同的挑战，其中最突出的莫过于可用知识限制以及在量化某些变量方面的挑战。尤其是，在确定人员安全和网络安全措施方面更应认真进行成本和效益分析(在可行范围内)。

资金成本当然很重要，毕竟公共资源和私有资源均有限。例如，当采取新的安全措施以减少内部威胁时，其成本是可确定的。一般可以确定一个范围，包括上界和下界。但是，明确指出其收益却很困难。甚至在今天，对国家安全局信息材料泄露所造成的损害进行量化仍然很困难。原则上，这一问题的量级是由新的安全措施所避免的危害决定的。由于这些措施可能阻止内部威胁的出现，一些已经避免的危害便无法识别。

即使如此，进行一些分析也是可能的。例如，官员应当能够发现安全措施在发现需要告警行为上可以发挥多大程度的帮助。回顾性分析可以通过展示什么有效、什么无效来提高判断的准确性。当无法获取详细准确的数据时，风险管理方法一般建议对防范措施投资采取避险策略(hedging strategy)。这种方法以及盈亏分析[181]在考虑过去从未出现过的风险突发事件时是很有必要的。

结　论

在该报告中，我们对连续性和变化进行探讨。延续不变的包括持久的价值观，对此我们可以追溯至美国成立。当宪法通过的时候，我们也即人民——拥有主权的人——曾经承诺：促进共同防务，得享自由权利，确保人们在“人身、住宅、文件和财产”等方面的安全。依据美国传统，自由和安全并不冲突，它们可以相互支持。这种认识建立在我们的文化和权利基础之上，并且为我们的密友和盟友所共享。

与此同时，我们生活在一个瞬息万变的时代。我们需要共同防御新的威胁，包括恐怖主义威胁等。对于那些可能的损害，新技术为我们协调空间和时间提供了前所未有的机遇，也有助于我们识别潜在的漏洞。对于美国及其盟友，以及其他我们需要保护的对象来讲，正是这些技术帮助我们识别威胁并加以排除。依照目前的变化幅度，如今看来非凡的技术无疑将在不久的将来即显落后——威胁与机会同步扩展。我们已经强调，谨慎评估我们所作选择可能引发的现实后果非常重要，并且必须在获取新信息后有意愿对其进行重新评估。

在该报告中，我们的目标一直就是在瞬息万变的时代中促进持久的价值观，并坚持它们在本质上永恒。我们已经提出一系列改革措施，旨在保护美国公民的隐私和尊严，提升公众信任，同时考虑由情报部门采取一些必要措施以应对真正的威胁。

没有一个国家会用对待本国人民的方式来对待他国公民，但是我们一直强调可以并且应当采取多种措施保护其他国家公民，包括美国境外人士的隐私和尊严。同时，我们强调，监控不应当被用来实现非法目标，如窃取商业机密、压制言论自由或信仰自由等。

我们还主张进行机构改革，以确保国家安全局仍然作为外国情报收集机构存在，其他机构，包括行政部门独立机构和所属机构，则应主要做好保护隐私和公民自由的工作。我们强调，维护安全开放的互联网是非常重要的，而其中所提的许多建议正在促进这一目标的达成。保护我们所收集的信息对维护国家安全、隐私和公众信任来讲是绝对必要的，许多建议都将大大加强现有的保护措施。

我们强调，中心任务始终是处理各种各样的广泛的风险。同时我们希望所提建议将有助于维持合理平衡。自由的国家必须保护自身利益，而致力于保护自身利益的国家则必须保持自由。

（本书观点仅为作者立场，不代表出版者的意见。——编者注。）

附录A　政府访问通信信息的法律标准

政府访问相关通信信息的法律标准非常复杂。该附录通过四个部分对其作一概述，力求使现行法律要求和可能的改革措施更易理解。由此该简短的附录只能提出法律的某些关键要素，而无法覆盖所有相关法令条款和法律规定。

第一部分介绍为获取信息，政府必须承担相应的举证责任。从更严格的角度来说，法律上这一领域的举证责任包括：(1) 相关性；(2) 合理理由相信或合理清晰的怀疑；(3) 可能的原因。

第二部分阐释举证责任适用的活动范围，如刑事调查或外国情报调查。无论执法许可还是获取《外国情报监视法案》授权都要求列出“可能的原因”，然而，两者又截然不同。对于刑事许可，必须有可能的原因表明已经犯罪或者即将犯罪。对于《外国情报监视法案》授权，则必须有可能的原因表明目标是外国势力的间谍。

第三部分阐释从事某项活动所需授权的级别。该决策有时由分析家作出，或者由行政部门批准或者由法官批准。

第四部分介绍依据法律赋予的相关权利可以获取的信息性质。

如果政策制定者希望提高政府访问的标准，则前三部分中的一个或多个因素可作适当调整。例如，将相关标准提至“可能的原因”，缩小调查的范围或者需要获得更高级别的批准等。类似的，降低标准也可在三个方面中的一个或多个上进行调整。例如，相比更严格的标准而言只要具备相关性，扩大调查的范围或者不需要高级负责人签字等。

该附录即对刑事调查和情报机构所进行的外国情报调查的执法标准

作了介绍。以下列出的标准在某些情况下可予以简化，所以适用的法规和判例法均应视具体情况而定。

执法目的

传统授权：(1) 可能的原因；(2) 已经犯罪或者即将犯罪；(3) 法官发布命令，或者引用《第四修正案》的话来讲，“一位中立的地方法官”；(4) 能够获取文档、记录或者其他。

窃听(《美国法典》第 18 卷 2518 节)：(1) 可能的原因，以及其他附加要求，诸如其他调查方法不太可能成功；(2) 已经犯罪或者即将犯罪，仅限《美国法典》第 18 卷 2516 节所列罪行；(3) 法官发布命令；(4) 有对话作为犯罪活动的证据。

笔式记录器 / 诱捕和追踪设备(《美国法典》第 18 卷 3122 节)：(1) 相关性；(2) 正在进行刑事调查；(3) 法官发布命令；(4) 通信元数据(拨号、路由、地址和无关内容的信号信息)。

要求披露客户通信记录(《美国法典》第 18 卷 2703 节 d 款)：(1) 具体而清晰的事实表明有合理理由确信材料相关；(2) 正在进行刑事调查；(3) 法官发布命令；(4) 各种类型的记录，包括订阅者不接收通知而打开电子邮件以及无须通知而获取不含内容的记录等。

情报目的

《外国情报监视法案》(《美国法典》第 50 卷 1801 节)：(1) 可能的原因；(2) 目标是外国势力的间谍或外国势力，每一设施或场所都被或者即将被外国势力或者外国势力的间谍使用；(3) 根据 AG 许可由外国情报监视法庭发布命令；(4) 通信内容。

《外国情报监视法案》之笔式记录器 / 诱捕和追踪设备(《美国法典》第 50 卷 1842 节)：(1) 与正在进行的调查相关；(2) 防止国际恐怖主义或秘密情报活动，或者获取非与美国人相关的外国情报信息；(3) 根据 AG 许可由外国情报监视法庭发布命令；(4) 通信元数据(非有关内容)。

《外国情报监视法案》第 702 条款(《美国法典》第 50 卷 1881 节)：(1) 有合理理由确信是位于美国境外的非美国人，且已获得外国情报监视法庭批准的许可；(2) 收集外国情报；(3) 经审判员审查的分析家要求对目标进行调查；(4) 通信内容。

第 215 条款(《美国法典》第 50 卷 1861 节)：(1) 有合理理由确信所寻求的实物与此相关；(2) 获取有关非美国人的外国情报信息，或防止与经授权进行的调查相关的国际恐怖主义和秘密情报活动；(3) 根据 AG 许可由外国情报监视法庭发布命令；(4) 文件、记录或其他实物。

国家安全信函(《美国法典》第 50 卷 436 节)：(1) 具有相关性或者依照公开进行的国家安全调查；(2) 反情报和反恐，包括网络调查需要；(3) 联邦调查局特工主管或更多的联邦调查局高级官员；(4) 通信元数据。注：其他国家安全信函法规适用于其他类别的记录。

第 12333 号行政命令：(1) 没有要求；(2) 收集外国情报或反情报所需；(3) 分析家依据内部指导原则获取监督许可，进而作出决定；(4) 外国情报信息。

附录B　国家安全局隐私保护概述

《外国情报监视法修正案》第 702 条款下国家安全局隐私保护概述

目标	•目标必须是为响应国家情报优先事项，且为具备法律效力的收集外国情报所需。 •目标必须获得由外国情报监视法庭依据《外国情报监视法修正案》第 702 条款批准的许可，且仅限位于境外的非美国人士。 •所有目标均依照由外国情报监视法庭批准的监控目标程序进行管理。 •严厉禁止以美国人或任何位于美国境内人士作为目标。 •严厉禁止反向针对美国人。
收集	•特定的通信标识符（例如电话号码或者电子邮件地址）仅限用于与有效外国情报监视目标相关的通信信息收集。 •禁止有目的地收集所有国内（也即美国境内）通信信息。
分析 / 研究	•对所收集的数据进行查询必须意在反馈有效的外国情报信息。 •禁止过于宽泛的查询。 •在取得额外授权和监督的情况下，允许基于收集外国情报所需以美国人作为标识符进行查询。 •任何国内（也即美国境内）通信信息一经确认必须消除。
传播	•以收集有效的外国情报为目的，可传播至外部实体，包括行政分支机构和部分外国合作伙伴。 •对美国人的相关信息在进行报告时应给予保护，除非为了解和评估外国情报所必需、收集犯罪证据所需或者其他适用情况。
保留	•在相关许可期满之后两年或五年（视收集来源而定），需将原始数据清除。

声明：本概述仅为提供快速参考指南，并不能替代最小化程序及其实施。

第 12333 号行政命令下国家安全局隐私保护概述

目标	•目标必须是为响应国家情报优先事项，且为具备法律效力的收集外国情报所需。 •所有目标均依照国防部规定和经司法部部长批准的程序进行管理。 •除非在特定情况下取得额外授权或准许，否则禁止以美国人作为目标。
收集	•选择条款/标识符仅限用于以下情况下收集通信信息，即在某种程度响应有效的收集外国情报所需。
分析/研究	•对所收集的数据进行查询必须意在反馈有效的外国情报信息。 •禁止过于宽泛的查询。 •在取得额外授权和监督的情况下，允许基于收集外国情报所需以美国人作为标识符进行查询。 •任何国内(也即美国境内）通信信息一经确认必须消除。
传播	•以收集有效的外国情报为目的，可传播至外部实体，包括行政分支机构和部分外国合作伙伴。 •对美国人的相关信息在进行报告时应给予保护，除非为了解和评估外国情报所必需、收集犯罪证据所需或者其他适用情况。
保留	•除了为密码分析或流量分析所需以维持技术数据库，否则需在五年后将原始数据清除。

声明：本概述仅为提供快速参考指南，并不能替代最小化程序及其实施。

附录C　美国情报：多重规则与监督体系

下图即诠释了美国政府三大部门在管理情报分析专家所进行的查询中扮演的角色。左列为适用分析专家活动的法律和指导方针，了说明了调查得以进行的决定因素。右列则着重强调调查进行中三大部门各自所发挥的审查、监督和审计职能。

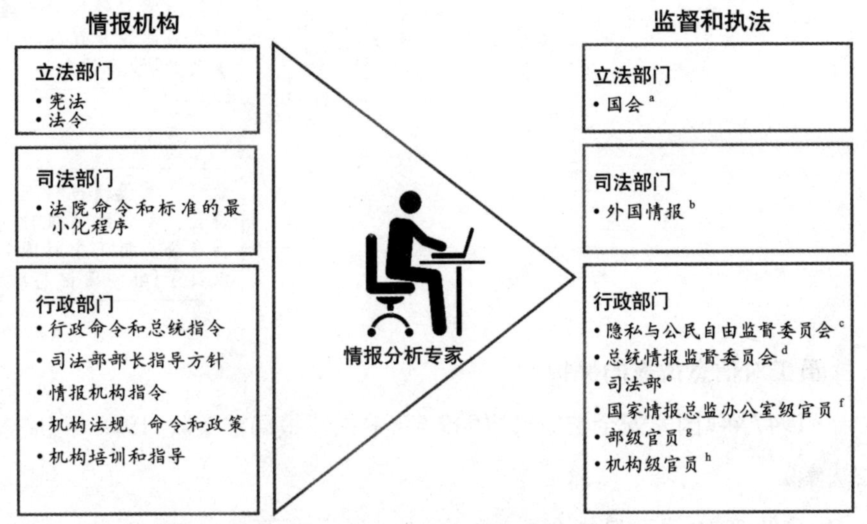

a 决定是否／如何授权进行情报活动，以及通过情报或其他委员会进行监督。

b 就《外国情报监视法案》下的相关事宜作出决定。

c 提供有关隐私和公民自由方面的建议，并对美国政府保护国家免受恐怖主义袭击所做的努力进行监督。

d 代表总统对有可能违反法律和行政命令的报告进行审查。

e 包括司法部国家安全处和司法部隐私与公民自由办公室。

f 包括国家情报总监办公室公民自由与隐私办公室、国家情报总监办公室总法律顾问办公室以及情报机构监察长。

g 在部级，包括与机构级组织相当的机构，也可能包括其他办公室（例如，负责情报监督的国防部部长助理）。

h 在机构级，包括以下组织：总法律顾问办公室、监察长办公室、公民自由与隐私办公室、情报监督办公室、合规办公室（例如，国家安全局新设公民自由与隐私官一职，国家安全局合规总监办公室）。

附录D　情报体系中内部举报人的途径

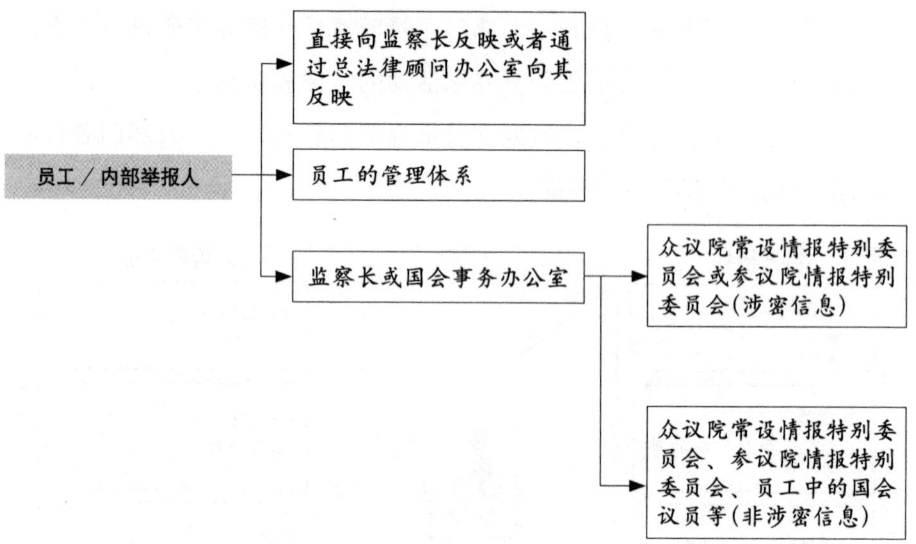

员工对信息披露的保护

• 1947 年《国家安全法案》，1949 年《中央情报局法案》，1978 年《监察长法案》

• 总统第 19 号政策指令

• 机构的内部政策

注　释

[1] *Olmstead v. United States*, 277 US 438, 478 (Brandeis, J., dissenting).

[2] *Id.*

[3] *See* Frank J. Donner, *The Age of Surveillance: The Aims and Methods of America's Political Intelligence System* (Knopf 1980); Peter Irons, *Justice at War* (Oxford1983); William H. Rehnquist, *All the Laws But One*: *Civil Liberties in Wartime*(Knopf 1998); James Morton Smith, *Freedom's Fetters: The Alien and Sedition Laws and American Civil Liberties* (Cornell 1956); Geoffrey R. Stone, *Perilous Times: Free Speech in Wartime from the Sedition Act of 1798 to the War on Terrorism*(W.W. Norton 2004).

[4] *See Detailed Staff Reports of the Intelligence Activities and the Rights of Americans:*Book III, Final Report of the Select Committee to Study Governmental Operations with Respect to Intelligence Activities, United States Senate, 94th (Apr. 29, 1976); Robert Justin Goldstein, *Political Repression in Modern America:From 1870 to the Present* (Schenckman 1978); Geoffrey R. Stone, *Perilous Times:Free Speech in Wartime from the Sedition Act of 1798 to the War on Terrorism*, 487–500(W.W. Norton 2004); Athan Theoharis, *Spying on Americans: Political Surveillance from Hoover to the Huston Plan* (Temple 1978).

[5] *See Final Report of the United States Senate Select Committee to Study Governmental Operations with Respect to Intelligence Activities*. S. Rep. No. 755, 94th Cong., 2d Sess., at 5 (April 29, 1976) (Church Committee Report).

[6] *See* Executive Order 11905, United States Foreign Intelligence Activities, 41 Fed. Reg. 7703 (Feb. 18, 1976).

[7] The Attorney General's Guidelines on Domestic Security Investigations are reprinted in FBI Domestic Security Guidelines: Oversight Hearing Before the Committee on the Judiciary, H.R., 98th Cong., 1st Sess. 67 (Apr. 27, 1983); *see also* Office of the Inspector General, Special Report: The Federal Bureau of Investigation's Compliance with the Attorney General's Investigative Guidelines ch. 2 (Sept. 2005); Geoffrey R. Stone,

Perilous Times: Free Speech in Wartime from the Sedition Act of 1798 to the War on Terrorism, pp. 496–497 (W.W. Norton 2004).

[8] *Church Committee Report* (April 26, 1976).

[9] *Id.*, at v, vii, 1, 3.

[10] *Id.*

[11] *Id.*

[12] *Id.*

[13] *Id.*, at 4, 291–292.

[14] *Id.*

[15] *Id.*

[16] *Id.*

[17] *Id.*, at 14–15,18, 20.

[18] *Olmstead v. United States*, 277 US 438, at 473 and 478 (1928) (Brandeis, J., dissenting).

[19] *Id.*, at 473–474 (Brandeis, J., dissenting).

[20] *Id.*, at 202.

[21] *Id.*

[22] *Id.*

[23] *Church Committee Report* (April 1976) pp. at 290–291,quoting Robert H. Jackson, *The Supreme Court in the American System of Government*, 70–71(New York: Harper Torchbook 1955).

[24] *Id.*, at 289 and 292.

[25] *Id.*, at 293.

[26] *Id.*, at 295–339.

[27] 50 U.S.C. ch. 36.

[28] 277 US 438 (1928).

[29] 47 U.S.C. § 151 et seq.

[30] 389 US 347, 351 (1967).

[31] *United States v. United States District Court for the Eastern District of Michigan*, 407 US 297, 308 (1972).

[32] 124 Cong. Rev. 34,845 (1978).

[33] The Act defines "foreign power" as including, among other things, "a foreign government or any component thereof," "a faction of a foreign nation," "an entity that is openly acknowledged by a foreign government . . . to be directed and controlled by such foreign government," "a group engaged in international terrorism," "a foreign-based political organization," and "an entity . . . that is engaged in the international proliferation of weapons of mass destruction." 50 U.S.C. § 1801(a).

[34] 50 U.S.C. § 1805.

[35] 50 U.S.C. ch. 15.

[36] 50 U.S.C. § 3601.

[37] 50 U.S.C. § 1801.

[38] See 50 U.S.C. § 1842 (2008) (pen register and trap-and-trace); 50 U.S.C. § 1862(a) (2001) (business records).

[39] 50 U.S.C. ch. 15.

[40] 50 U.S.C. § 403a.

[41] 50 U.S.C. § 3601.

[42] 5 U.S.C. § 552(a).

[43] 18 U.S.C. §§ 2510–2522.

[44] Exec. Order No. 12333, 40 Fed. Reg. 235 (December 4, 1981), as amended by Executive Order 13284 (Jan. 23, 2003), *and by* Executive Order 13355 (Aug.27, 2004), *and further amended by* Executive Order 13470 (July 30, 2008). Executive Order 12333 was first issued by President Gerald Ford as Executive Order 11905 and then replaced by President Jimmy Carter as Executive Order 12036;the current *United States Intelligence Activities* was signed on December 4, 1981 as Executive Order 12333 by President Ronald Reagan and updated by President George W. Bush in 2008.

[45] These Guidelines are captured in the Department of Defense Directive 5240.1-R entitled, "DOD Activities that May Affect US Persons," including a classified appendix particularized for NSA. The guidelines are further enunciated within NSA through an internal directive, US Signals Intelligence Directive 18,commonly referred to as USSID-18.

[46] Jack Goldsmith, *The Terror Presidency: Law and Judgment Inside the Bush Administration* pp. 73–74(W.W. Norton 2007).

[47] *Id.*

[48] Executive Order 12333 § 2.1.

[49] Minimization procedures govern the implementation of electronic surveillance to ensure that it conforms to its authorized purpose and scope. They require the government to "minimize" the retention and dissemination of US person information acquired by inadvertent collection. Under FISA, minimization procedures are adopted by the Attorney General and reviewed by the FISA Court. *See* 50 U.S.C.A. § 1801(h). *See* generally David S. Kris and J. Douglas Wilson, I, *National Security Investigations and Prosecutions 2d* pp. 321–353 (West 2012).

[50] *See* Uniting and Strengthening America by Providing Appropriate Tools Required to Intercept and Obstruct Terrorism ("USA PATRIOT Act") Act of 2001, Pub. L. 107–56,§ 215, 115 Stat. 272, 287 (2001) (codified as amended at 50 U.S.C. § 1861(a)(1)) (2006 & Supp. V 2011).

[51] Intelligence Authorization Act for Fiscal Year 1999, Pub. L. 105–272,§ 602,112 Stat. 2396, 2410 (1998).

[52] *Id.*

[53] *See* Uniting and Strengthening America by Providing Appropriate Tools Required to Intercept and Obstruct Terrorism ("USA PATRIOT Act") Act of 2001, Pub. L. 107–56,§ 215, 115 Stat. 272, 287 (2001) (codified as amended at 50 U.S.C. § 1861(a)(1)) (2006 & Supp. V 2011).

[54] USA PATRIOT Improvement and Reauthorization Act of 2005 § 106, 120 Stat. 196 (codified as amended at 50 U.S.C. § 1861(b)(2)(A)). Section 215 provides that such investigations of United States persons may not be "conducted solely on the basis of activities protected by the first amendment to the Constitution."For certain materials, such as library records, book sales records, firearms sales records, tax return records, educational records, and medical records with information identifying an individual, only the Director of the FBI, the Deputy Director of the FBI, or the Executive Assistant for National Security may make the application. *See* 50 U.S.C. § 1863(a)(3) (2006).

[55] *Hale v. Henkel*, 201 US 43, 76 (1906).

[56] 425 US 435 (1976).

[57] 442 US 735 (1979).

[58] Section 1114, Pub. L. 95–630,92 Stat. 3706 (1978).

[59] *Id.*

[60] 50 U.S.C. § 1842.

[61] *Id.* This is similar to the authority federal law grants to federal and state prosecutors and local police officials to obtain court orders for the installation of pen registers and trap-and-trace devices upon certification that the information sought is relevant to an ongoing criminal investigation. *See* 18 U.S.C. §3122.

[62] 50 U.S.C. § 1861(a)(1).

[63] *See* 115 Stat. § 288–291(2001).

[64] 132 S.Ct. 945 (2012).

[65] *Id.*, at 957 (Sotomayor, J., concurring).

[66] *Id.*, at 950 (Alito, J., concurring), quoting *Kyllo v. United States*, 533 US 27,34 (2001).

[67] *Id.*, at 964 (Alito, J., concurring).

[68] *See* 50 U.S.C. § 1861(b)(2)(A). Section 215 provides that such investigations of United States persons may not be "conducted solely on the basis of activities protected by the first amendment to the Constitution."

[69] 50 U.S.C. § 1861(c)(2)(D).

[70] *California v. Acevedo*, 500 US 565, 568 (1991) (quoting *Johnson v. United States,* 333 US 10, 14 (1948).

[71] Administrative subpoenas are authorized by many federal statutes and may be issued by most federal agencies. Most statutes authorizing administrative subpoenas authorize an agency to require the production of certain records for civil rather than criminal matters.

[72] 12 U.S.C. § 3414, 15 U.S.C. § 1681(u), 15 U.S.C. § 1681(v), 18 U.S.C. § 2709,and 50 U.S.C. § 436.

[73] 50 U.S.C. § 1801.

[74] Pub. L. 107–56,115 Stat. 365 (2001).

[75] *See* 18 U.S.C. § 3511.

[76] It should be noted that there are at least two distinctions between NSLs and federal grand jury subpoenas. First, where the FBI believes that records should be sought, it can act directly by issuing NSLs, but to obtain a grand jury subpoena the FBI must obtain approval by a prosecutor at the Department of Justice. Second, and except in exceptional circumstances, witnesses who appear before a grand jury ordinarily are not under nondisclosure orders preventing them from stating that they have been called as witnesses.

[77] *See* David S. Kris and J. Douglas Wilson, I *National Security Investigations and Prosecutions 2d*, pp. 727–763 (West 2012).

[78] *See* Department of Justice, Office of the Inspector General, *A Review of the Federal Bureau of Investigation's Use of National Security Letters* (Unclassified)(March 2007). *Note: Subsequent reports from the IG have noted the FBI and DOJ have resolved many of the compliance incidents.*

[79] United States Department of Justice, Office of the Inspector General, *A Review of the FBI's Use of Section 215 Orders for Business Records in 2006* 5 (March 2008), quoted in Kris & Wilson, *National Security Investigations and Prosecutions* at 748. In recent years, the FBI has put in place procedures to reduce the risk of noncompliance.

[80] 18 U.S.C. § 1861(g).

[81] In *Doe v. Mukasey*, 549 F.3d 861 (2d Cir. 2008), the court held that the FBI's use of nondisclosure orders violated the First Amendment. In response, the FBI amended its procedures to provide that if a recipient of an NSL objects to a non-disclosure order, the FBI must obtain a court order based on a demonstrated need for secrecy in order for it to enforce the non-disclosure order.

[82] 18 U.S.C. app. 3 §§ 1–16.

[83] It is essential that the standards and processes for issuance of NSLs match as closely as possible the standards and processes for issuance of section 215 orders. Otherwise, the FBI will naturally opt to use NSLs whenever possible in order to circumvent the more demanding—and perfectly appropriate—section 215 standards. We reiterate that if judicial orders are required for the issuance of NSLs, there should be an exception for

emergency situations when time is of the essence.

[84] *See In re Application of the Federal Bureau of Investigation for an Order Requiring the Prod. Of Tangible Things from [Telecommunications Providers] Relating to [Redacted version]*, Order No. BR-05(FISC May 24, 2006).

[85] *In re Application of the Federal Bureau of Investigation for an Order Requiring the Production of Tangible Things from [Undisclosed Service Provider]*, Docket Number: BR 13–109(FISC Oct. 11, 2013) (hereinafter FISC order 10/11/2013).

[86] *Id.*

[87] *Id.*

[88] *Id.*

[89] *In Re Production of Tangible Things from [Undisclosed Service Provider]*, Docket Number: BR-08–13(FISC Dec. 12, 2008), quoting Application Exhibit A, Declaration of [Redacted version] (Dec. 11, 2008).

[90] Administration White Paper, *Bulk Collection of Telephony Meta-data Under Section 215 of the USA PATRIOT Act*, at 3–4(August 9, 2013).

[91] For several years, NSA used a similar meta-data program for Internet communications under the authority of FISA's pen register and trap-and-trace provisions rather than under the authority of section 215. NSA suspended this e-mail meta-data program in 2009 because of compliance issues (it came to light that NSA had inadvertently been collecting certain types of information that were not consistent with the FISC's authorization orders). After re-starting it in 2010, NSA Director General Keith Alexander decided to let the program expire at the end of 2011 because, for operational and technical reasons, the program was insufficiently productive to justify the cost. The possibility of revising and reinstituting such a program was left open, however. This program posed problems similar to those posed by the section 215 program, and any effort to re-initiate such a program should be governed by the same recommendations we make with respect to the section 215 program.

[92] Appropriately trained and authorized technical personnel may also access the meta-data"to perform those processes needed to make it usable for intelligence analysis," and for related technical purposes, according to the FISC orders.

[93] 50 U.S.C. 1801(i). A "United States person" is either a citizen of the United States or a non-citizen who is a legal permanent resident of the United States.

[94] *In Re Application of the Federal Bureau of Investigation for an Order Requiring the Production of Tangible Things from [Undisclosed Service Provider]*, Docket Number:BR 13–158(FISC, Dec. 2011).

[95] *Id.*, at 14.

[96] *Id.*, at 14–15.

[97] *Id.*, at 15.

[98] *In re Application of the Federal Bureau of Investigation for an Order Requiring the Production of Tangible Things from [Undisclosed Service Provider]*, Docket Number: BR 13–109(FISC Oct. 11, 2013) (hereinafter FISC order 10/11/2013).

[99] *In Re Production of Tangible Things From [Undisclosed Service Provider]*,Docket Number: BR 08–13(March 2, 2009).

[100] *Id.*

[101] *Id.*

[102] *Id.*

[103] *Id.*

[104] *Id.*

[105] *See In re Production of Tangible Things From [Redacted version]*, No. BR-09–13(FISC, September 3, 2009).

[106] *Id.*

[107] *In Re Application of the Federal Bureau of Investigation for an Order Requiring the Production of Tangible Things From [Redacted version]*, Docket No. BR 13–158(FISC Oct. 11, 2013), pp. 5–6.

[108] David S. Kris, *On the Bulk Collection of Tangible Things*, 1 Lawfare Research Paper Series 4 at 26 (Sept. 29, 2013).

[109] *In Re Application of the Federal Bureau of Investigation for an Order Requiring the Production of Tangible Things From [Redacted version]*, Docket No. BR 13–109(FISC Aug. 29, 2013).

[110] See Kris, *On the Bulk Collection of Tangible Things*, p. 34. Indeed, the government has suggested that "communications meta-data is different from many other kinds of records because it is inter-connected and the connections between individual data points, which can be reliably identified only through analysis of a large volume of data, are particularly important to a broad range of investigations of international terrorism." *Administration White Paper*, p. 2.

[111] National Research Council of the National Academy of Sciences, *Protecting Individual Privacy in the Struggle Against Terrorists: A Framework for Program Assessment*, pp. 2–3(National Academies Press 2008).

[112] *Id.*

[113] *Church Committee Report* at 778 (April 1976).

[114] It is possible, of course, for the government carefully to target its collection and retention of data in a way that maximizes the benefit and minimizes the cost, thereby substantially altering the balance of costs and benefits. But there is no reason to believe that this describes the decision to collect bulk telephony meta-data,in particular.

[115] *United States v. Jones*, 132 S.Ct. 945, 955 (2012) (Sotomayor, J., concurring).

[116] *Id.*

[117] *Id.* at 956 (Sotomayor, J., concurring) (quoting *United States v. Cuevas-Perez*,640 F.3d 272, 285 (C.A. 7, 2011) (Flaum, J., concurring).

[118] For example, Congress might enact legislation requiring relevant telephone providers to retain the data for a specified period of time to ensure that it will be available if and when the government needs to query it. In that case, the government should reimburse the providers for the cost of retaining the data.Based on our review, an appropriate period of time would seem to be no more than two years. A Federal Communications Commission (FCC) regulation already requires providers to hold such information for 18 months, so it seems feasible to change the retention period for telephone records. The FCC's rule on retention of telephone toll records is 47 C.F.R. § 42.6: "Retention of telephone toll records. Each carrier that offers or bills toll telephone service shall retain for a period of 18 months such records as are necessary to provide the following billing information about telephone toll calls: the name, address, and telephone number of the caller, telephone number called, date, time, and length of the call.Each carrier shall retain this information for toll calls that it bills whether it is billing its own toll service customers for toll calls or billing customers for another carrier. 60 Fed. Reg. 2d 1529 (1986); 51 FR 32651, corrected, 51 FR 39536.

[119] It is noteworthy that the section 215 telephony meta-data program has made only a modest contribution to the nation's security. It is useful to compare it, for example, to the section 702 program, which we discuss in the next Part of our Report. Whereas collection under section 702 has produced significant information in many, perhaps most, of the 54 situations in which signals intelligence has contributed to the prevention of terrorist attacks since 2007, section 215 has generated relevant information in only a small number of cases, and there has been no instance in which NSA could say with confidence that the outcome would have been different without the section 215 telephony meta-data program. Moreover, now that the existence of the program has been disclosed publicly, we suspect that it is likely to be less useful still.

[120] *See International Principles on the Application of Human Rights to Communications Surveillance*, 10 July 2013, available at http://en.necessaryandproportionate.org/text.

[121] 442 US 735 (1979).

[122] Letter from James Madison to W.T. Barry (Aug. 4, 1822) in *The Writings of James Madison* at 103 (Gaillard Hunt, ed., G.P. Putnam's Sons 1910).

[123] Public Interest Declassification Board, *Transforming the Security Classification System*, 1–2(2012), pp.1–2.

[124] On October 10, 2012, President Obama issued Presidential Policy Directive/PPD-

19,which prohibits any retaliatory employment action against any government employee with access to classified information who reports any instance of "waste, fraud, and abuse," including violations "of any law, rule, or regulation,"to "a supervisor in the employee's direct chain of command up to and including the head of the employing agency, to the Inspector General of the employing agency or Intelligence Community Element, to the Director of National Intelligence,to the Inspector General of the Intelligence Community." *Id*. Although this is an important step in the right direction, it does not go far enough. First, it covers only government employees and not government contractors. Second, it requires the would-be whistle-blower to report to a person in his "direct chain of command," rather than to an independent authority. We discuss whistle-blowing in Chapter Six.

[125] Similarly, in the context of the non-disclosure orders addressed in Recommendation 9, the government should be able to act without prior judicial authority in cases of emergency.

[126] The Universal Declaration of Human Rights, Art. 12, states, "No one shall be subjected to arbitrary interference with his privacy..."

[127] *See* 18 U.S.C. § 2518(3).

[128] H. Rep. No. 95–1283(I) at 50–51(June 5, 1978).

[129] Executive Order 12333, which governs the use of electronic surveillance by the Intelligence Community outside the United States, provides that "timely,accurate, and insightful information about the activities, capabilities, plans, and intentions of foreign powers, organizations, persons, and their agents, is essential to the national security of the United States." It declares that "special emphasis should be given to detecting and countering" espionage, terrorism, and the development, possession, proliferation, or use of weapons of mass destruction.The executive order directs that "such techniques as electronic surveillance" may not be used "unless they are in accordance with procedures...approved by the Attorney General" and that "such procedures shall protect constitutional and other legal rights and limit use of such information to lawful governmental purposes."

[130] The Protect America Act of 2007, Pub. L. 111–55(Aug. 5, 2007), which amended 50 U.S.C. § 1803 et. seq., by adding §§ 1803 a–c.

[131] *See* 50 U.S.C. § 1881(c).

[132] *See* 50 U.S.C. § 1881(a).

[133] *See* 50 U.S.C. §1881. Service providers who are subject to these orders are entitled to compensation and are immune from suit for their assistance. They may petition the FISC to set aside or modify the directive if they think that it is unlawful. If a provider is uncooperative, the Attorney General may petition the FISC for an order to enforce

the directive.

[134] *See generally* 50 U.S.C. 1881a.

[135] *Id.*

[136] S. Rep. 112–174(June 7, 2012).

[137] The term "upstream collection" refers to NSA's interception of Internet communications as they transit the facilities of an Internet backbone carrier.

[138] MCTs arise in situations in which many communications are bundled together within a single Internet transmission and when the lawful interception of one communication in the bundle results in the interception of them all.

[139] *In Re DNI/AG 702(g)*, Docket Number 702(i)-11–01(FISC October 3,2011) (hereinafter cited as FISC Oct. 3, 2011 opinion).

[140] *Id.*

[141] *Id.*

[142] *Id.*

[143] *Id.*

[144] *In re DNI/AG 702(g)*, Docket Number 702(i)-11–01(FISC November 30,2011) (Redacted version).

[145] National Security Agency, *The National Security Agency: Missions, Authorities,Oversight and Partnerships* (August 9, 2013).

[146] Background Paper on Title VII of FISA Prepared by the Department of Justice and the Office of the Director of National Intelligence (ODNI), Appendix to Senate Select Committee on Intelligence, *Report on FAA Sunsets Extension Act of 2012*, 112th Congress, Cong., 2d Session (June 7, 2012).

[147] Senate Select Committee on Intelligence, *Report on FAA Sunsets Extension Act of 2012*, 112th Congress, 2d Session (June 7, 2012).

[148] 28 C.F.R. ch. I, Part 23.

[149] NSA's Section 702 Minimization Procedures.

[150] Recommendation 12(2) is designed to address this latter concern. If the government cannot use the evidence in any legal proceeding against the US person, it is less likely to use section 702 in an effort to obtain such information.On the other hand, we do not recommend prohibiting the use of the "fruits" of such interceptions. We draw the line as we do because, unlike most "fruit of the poisonous tree" situations, the interception in this situation is not itself unlawful unless it was *actually* motivated by a desire to obtain information about the US person.

[151] Although the Supreme Court has never directly addressed this question,"every court of appeals to have considered the question" has held "that the Fourth Amendment applies to searches conducted by the United States Government against United States citizens

abroad." *United States v. Verdugo-Urquidez*,494 US 259, 283 n.7 (1990) (Brennan, J., dissenting). *See In re Terrorist Bombings of US. Embassies in East Africa*, 552 F.3d 157 (2010); *United States v. Bin Laden*, 126 F. Supp. 2d 264, 270–271(S.D.N.Y. 2000), aff'd, 552 F.3d 157 (2d Cir. 2008); David S. Kris & J. Douglas Wilson, I, *National Security Investigations and Prosecutions 2d* at 596–597(West 2012).

[152] *See United States v. Verdugo-Urquidez*,494 US. 259, 265–266(1990). Noting that the Fourth Amendment protects the right of "the people," the Court held that this "refers to a class of persons who are part of a national community or who have otherwise developed sufficient connection with this country to be considered part of that community."

[153] It is important to note that although the government should not target a non-US person outside the United States for surveillance *solely* because of his political or religious activity or expression, it may target such an individual for surveillance if it has reason to believe that he poses a threat to US national security.

[154] 5 U.S.C. § 552(a).

[155] Department of Homeland Security: Privacy Policy Guidance Memorandum No. 2007–1(January 7, 2007) (amended on January 19, 2007).

[156] *Id.*

[157] *Id.*

[158] 44 U.S.C. § 101.

[159] Potential Changes to the Foreign Intelligence Surveillance Act: Open Hearing Before the H.P. Select Comm. on Intelligence, 113 Cong. (October 29,2013) (Statement of James R. Clapper, Director of National Intelligence).

[160] *See* Jonathan Mayer, "The Web Is Flat" Oct. 30, 2013 (study showing "pervasive"flow of web browsing data outside of the US for US individuals using US-based websites), available at http://webpolicy.org/2013/10/30/the-web-is-flat/.

[161] Susan Landau, *Surveillance or Security: The Risks Posed by New Wiretapping Technologies* (MIT Press 2011); Jon M. Peha, *The Dangerous Policy of Weakening Security to Facilitate Surveillance*, Oct. 4, 2013, available at http://ssrn.com/abstract=2350929.

[162] Although DHS was created ten years ago, Congress has yet to readjust its committees of jurisdiction.

[163] *See* Peter Swire, "The Administration Response to the Challenges of Protecting Privacy," Jan. 8, 2000, available at www.peterswire.net/pubs. Peter Swire is one of the five members of the Review Group; the comments in text are made here on behalf of the entire Review Group.

[164] In one instance, the FISC heard arguments from a non-governmental party that sought

to contest a directive from the government. In 2007, Yahoo declined to comply with a directive from the government. The government then filed a motion with the FISC to compel compliance. The FISC received briefings from both Yahoo and the government, and then rendered its decision in 2008 in favor of the government. Yahoo then appealed unsuccessfully to the FISA Court of Review. *See In re Directives [Redacted Version] Pursuant to Section 105b of the Foreign Intelligence Surveillance Act*, 551 F.3d 1004 (FISA Ct. Rev. 2008). In several other instances, private parties, including the American Civil Liberties Union and the Electronic Frontier Foundation, Google, Inc., Microsoft Corporation,and the Media Freedom and Information Access Clinic, filed motions with the FISC seeking the release or disclosure of certain records. See Letter from Chief Judge Reggie Walton to Honorable Patrick Leahy (July 29, 2013); *In re Motion for Release of Court Records*, 526 F. Supp. 484 (FISA Ct. 2007).

[165] Letter from Chief Judge Reggie Walton to Honorable Patrick Leahy (July 29, 2013).

[166] Other possible institutional homes for the Advocate appear to have serious shortcomings. Housing the Public Advocate with the FISC would run the risk of the Advocate often having little or nothing to do. Housing the Advocate within the Department of Justice would undermine the independence of the Advocate from the opposing brief writers in the case, who would also be in the same Department. Using a rotating panel of outside lawyers would risk a loss of continuity and knowledge about classified programs.

[167] "FISA Files" are files relating to the Foreign Intelligence Surveillance Act (FISA). These "FISA Files" may include the following: a request to initiate collection activity; an application; court order or authorization by the Attorney General; draft documents; related memoranda; motions, affidavits, filings,correspondence, and electronic communications; and other related documents or records. See p. 8 of United States Department of Justice "Automatic Declassification Guide—FOR USE AND REVIEW AND DECLASSIFICATION OF RECORDS UNDER EXECUTIVE ORDER 13526, "CLASSIFIED NATIONAL SECURITY INFORMATION."

[168] Louis Brandeis, *Other People's Money—And How Bankers Use It*, Chapter 5 (1914).

[169] White House Fact Sheet: *Transatlantic Trade and Investment Partnership(T-TIP)*,June, 2013, available at http://www.ustr.gov/about-us/press-office/fact-sheets/2013/june/wh-ttip.

[170] "Draft Working Document on Foreign Policy Aspect of the Inquiry on Electronic Mass Surveillance of EU Citizens," European Parliament Committee on Foreign Affairs, Nov. 4, 2013, available at http://www.statewatch.org/news/2013/nov/ep-nsa-surv-inq-working-document-fa-committee.pdf.

[171] Bhatt Jaheen, "In Wake of PRISM, German DPAs Threaten to Halt Data Transfers to

Non-EU Countries," Bloomberg BNA, July 29, 2013, available at http://www.bna.com/wake-prism-germann1717987502.

[172] "Garner Predict Cloud Computing Spending to Increase by 100% in 2016, says AppsCare," PRWEb.com, 2012, available at http://prweb.com/releases/2012/7/prweb9711167.htm.

[173] Daniel Castro, "How Much Will PRISM Cost the US Cloud Computing Industry," August, 2013 (estimating monetary impact on US cloud providers of $21.5 billion by 2016, based on 10% loss in foreign market share), available at www2.itif.org/2013-cloud-computing-costs.pdf; Cloud Security Alliance, "CSA Survey Results: Government Access to Information", July 2013, available at https://downloads.cloudsecurityalliance.org/initiatives/surveys/nsa_prism/CSA-govt-access-survey-July-2013.pdf (losses up to $180 billion by 2016).

[174] Any cryptographic algorithm can become exploitable if implemented incorrectly or used improperly.

[175] We should emphasize here that data-mining and big data have been the subject of previous federally funded reports, notably including "Safeguarding Privacy in the Fight Against Terrorism," from the Technology and Privacy Advisory Committee of the Department of Defense (2004), and "Protecting Individual Privacy in the Struggle Against Terrorists: A Framework for Program Assessment,"by the National Research Council (2008). These studies have examined issues of data-mining in considerable detail, and we have found them useful and illuminating. Related academic work includes Fred H. Cate, "Government Data Mining: the Need for a Legal Framework," *Harvard Civil Rights-Civil Liberties Law Review* 43, 2008; Peter Swire, "Privacy and Information Sharing in the War Against Terrorism," 51 *Villanova Law Review* 260, 2006. We encourage agencies to study this literature, and adopt risk management approaches where feasible.

[176] The Federal Trade Commission (FTC) often plays this role for evolving privacy-related issues, such as through its recent workshops on the Internet of Things or Big Data. The FTC's jurisdiction, however, is limited to the commercial sector. It has no jurisdiction over technology issues facing government agencies,including the Intelligence Community.

[177] If an OTA is not created within the PCLOB or a new CLPP Board, then the intelligence community should find other mechanisms to institutionalize the effects of new programs on privacy, civil liberties, and the other important values implicated by cutting-edge intelligence technologies. These new mechanisms must include effective participation by expert technologists beyond those involved in development of the program.

[178] Office of Director of National Intelligence, *2012 Report on Security Clearance Determinations*, p. 3, Table 1, (January 2013) available at www.fas.org/sgp/othergov/intel/clear-2012.pdf.

[179] Office of Director of National Intelligence, *2012 Report on Security Clearance Determinations*, p. 7, Table 5, (January 2013) available at www.fas.org/sgp/othergov/intel/clear-2012.pdf.

[180] Michael Morell affirmatively recused himself from Review Group discussions of network security to mitigate the insider threat due to ongoing business interests.

[181] *See* OMB Circular A-4.

后　记

批判与反思植根于美国文化，更植根于美国情报界。

20 世纪 80 年代，反思研究主要关注二战、猪湾事件、赎罪日战争等，这一时期的研究侧重剖析具体事件，从情报工作的角度分析政治、军事。

20 世纪 90 年代，反思研究关注三个方面。第一，对冷战期间情报工作、情报政策的评判考量。第二，以史为鉴考察当前工作。包括对当时美国情报机构设置、整体能力、人才流失、经费状况的思考。第三，较为系统地形成了情报失察(Intelligence Failure）研究。其中第三个方面是显著变化之处。它一方面体现了反思研究的成果汇聚，把各类反思主题较为集中地凝聚为“failure”“surprise”“oversight”，以此统领珍珠港事件、古巴导弹危机等重大情报失察行为的研究；另一方面，引领了情报学“剖析、总结思维”向“批判性思维”的升华。

21 世纪以来，反思研究形成了以情报失察为主的批判性研究格局。对执政当局的剖析和反思成为这一时期的创新增长点，涉及杜鲁门政府的危机管理、里根政府的决策失误、布什政府的中东和平进程、克林顿政府的情报机构、奥巴马政府的阿富汗政策等。

《美国国家安全局报告：剧变世界中的自由与安全》一书，正是这样一部批判之作、反思之作。它是对美国国家安全局的通信监控项目、情报收集工作的透明度，乃至政府权力范围的透彻剖析和细微斟酌。基于安全参谋工作的若干准则和监控工作中的技术、体制背景，开篇提出46条建议，随后从依据、历史、现实政策、技术发展等角度逐层解释和论证，兼具对基础理论、情报体制、情报分析的探讨。行文质朴但思考极其深入，言语简练但内容发人深省。希望这一作品的引进编译能对我国的情报研究和安全工作有所裨益。

与金城出版社的合作始于2006年前后，在恩师沈固朝先生训导下，与出版社研讨小理查兹·J·霍耶尔的 *Psychology of Intelligence Analysis* 一书。更为正式、紧密的联系始于2015年冬，接连完成了《反恐原理》《锁定真相》《危中求安》三部作品的引入、编译、审校等工作。对几部作品能够广泛传播的良好期盼、对与金城出版社长期以来愉快合作的衷心感激、对今后更多情报学研究成果引进和创作的再接再厉，于此一并记之。

赵小康

于南京　丁山脚下

国家安全战略研究丛书

策划：王吉胜　谢寿光

信息安全定密（第一卷）：定密概述、历史和负面影响

〔美〕阿尔文·S·奎斯特　著

信息安全定密（第二卷）：定密原理

〔美〕阿尔文·S·奎斯特　著

政府保密（上中下）

〔德〕马克斯·韦伯 等　著

锁定真相：美国国家安全与情报战略

〔美〕约书亚·瑞夫纳　著

危中求安：如何在动荡的世界寻求安全

〔美〕丹·考德威尔

罗伯特·E·威廉姆斯　著

间谍术：中情局间谍技术秘史

〔美〕罗伯特·华莱士 等　著

反恐原理：恐怖主义、反恐与国家安全战略

〔美〕布丽奇特·L·娜克丝　著

美国国家安全局报告：剧变世界中的自由与安全

白宫情报与通信技术审查小组　著

间谍王：我在CIA的一生

〔美〕泰德·谢克雷　理查德·A·芬尼　著

美国国家安全局事件：斯诺登与全面监听之路

〔德〕马塞尔·罗森巴赫

霍格尔·施塔克　著

中国城市安全评论（第一卷）

李萌　彭启民　著

中国生态安全评论（第一卷）

李周　孙若梅　著

中国环境安全评论（第一卷）

张晓　等　著

中国土地安全评论（第一卷）

谭荣　著

中国核安全评论（第一卷）

姜振飞　著

中国金融安全评论（第一卷）

何德旭　等　著

中国粮食安全评论（第一卷）

李国祥　著

中国能源安全评论（第一卷）

史丹　著

中国公共安全评论（第一卷）

朱正威　著

中国文化安全评论（第一卷）

韩源　著

网络安全国家战略研究

王舒毅　著